내가 원하는 것을
제대로 선택하는 법

# 내가 원하는 것을 제대로 선택하는 법

**초 판 1쇄** 2021년 02월 24일

**지은이** 정미연
**펴낸이** 류종렬

**펴낸곳** 미다스북스
**총괄실장** 명상완
**책임편집** 이다경
**책임진행** 박새연, 김가영, 신은서, 임종익

**등록** 2001년 3월 21일 제2001-000040호
**주소** 서울시 마포구 양화로 133 서교타워 711호
**전화** 02) 322-7802~3
**팩스** 02) 6007-1845
**블로그** http://blog.naver.com/midasbooks
**전자주소** midasbooks@hanmail.net
**페이스북** https://www.facebook.com/midasbooks425

ISBN 978-89-6637-890-6 03190

값 15,000원

**미다스북스**는 다음세대에게 필요한 지혜와 교양을 생각합니다.

# 내가 원하는 것을
# 제대로 선택하는 법

정미연 지음

미다스북스

# 나를 선택하라

우리 세대가 커오던 시절에는 부모님이나 선생님으로부터 착하고 바르게 자라라는 말을 많이 들었다. 어떤 꿈이나 목표 없이 그저 주어진 환경에서 살아왔고 내가 하고 싶고 좋아하는 것이 무엇인지도 모르고 살았다. 그래서 내가 무엇을 선택해야 하는지 기준이 없었다. 지금 생각하면 내 삶이 힘들어진 이유도 선택하는 것에 대한 주위의 충고나 형제, 부모로부터 제대로 된 도움이 없었기 때문이다. 학교를 졸업하기 전까지는 부모님이 시키는 대로 살아왔고 이후로는 혼자 판단하고 생각하고 결정을 내리면서 살아왔다.

결혼을 하기 전까지는 부모님의 선택이든 나의 선택이든 큰 고난 없이 살았다. 그러나 사랑하는 사람이 생기고 나의 판단과 선택에 따라 결혼을 하고 난 후 삶이 힘들어졌다. 그때 좀 더 친구들이나 부모님, 주위 분들에게 충고를 듣거나 왜 질문을 해보지 못했는지 아쉬움이 많이 남는다. 그리고 고난 없이 평탄하기만 하던 신혼 기간이 나 자신을 나대하게 만든 것 같다.

나는 내가 생각하는 대로 무엇이든 될 수 있다는 착각의 늪에 빠져 있었다. 하지만 결혼 생활이 힘들어지면서 세상살이가 만만치 않다는 것을 깨달아갔다. 남편과의 관계, 복잡한 집 문제, 사람과의 관계가 나를 더 힘들게 만들었다. 내가 선택한 길이기에 부모님을 원망할 수도 없었다.

하지만 나에게는 참는 인내력이 있었다. 아마도 하나님을 믿으면서 인내력이 생긴 것 같다. 한번 시작한 일은 성실하게 끈기 있게 해낸다. 사람도 한 번 사귀면 오래간다. 지금 내가 한 직장에서 오래 근무하는 것역시 성격 영향이 크다. 그러나 나는 우유부단한 성격이어서 주변의 부탁을 거절하지 못하는 경우가 많았다. 착해야 한다는 생각에 주변의 이런저런 부탁을 다 들어주고 물질적인 보상도 못 받는 경우가 많았다. 친구나 지인의 부탁을 거절 못 하고 들어주려다 나 자신만 입장이 난처하게 되는 경우도 있었다.

그래서 이제는 거절하는 방법을 하나하나 연습하고 있다. 지혜롭게 살려고 노력하고 있다. 요즘은 지혜롭게 살 수 있게 돕는 좋은 책이나 유튜브 방송이 많다.

그런 여러 방법으로 도움을 받으며 차츰차츰 나를 찾아가고 있다. 나를 찾는 과정은 불안하고 힘들다. 하지만 꼭 거쳐야 하는 과정이며 진정한 행복을 향해 가기 위해서는 피하지 말아야 할 경로이다.

이제 행복이 보인다. 내가 원하는 것이 무엇인지도 찾게 되었다. 나이가 벌써 많은데 지금 자신을 찾아서 무얼 하겠느냐고 할 수도 있겠지만 늦은 나이란 없는 것 같다. 단 한순간을 살아도 나답게 살 수 있다는 것은 무엇과도 바꿀 수 없는 가치를 가지기 때문이다.

젊은 청춘들에게 하고 싶은 말이 있다. 너무 학력이나 스펙에 올인하지 말고 자기가 하고 싶고 좋아하는 일을 찾아서 정말 행복한 선택을 했으면 좋겠다. 돌아가지 말고 지금부터 남에게 휘둘리는 삶을 벗어버리고 자기 삶의 주도권을 자신이 쥐고 갔으면 좋겠다. 행복의 기준을 스스로 정했으면 좋겠다.

작년 이맘때쯤 우연히 유튜브를 통해 〈한국책쓰기1인창업코칭협회(이하 한책협)〉의 김도사님을 알게 되었고, 책을 쓰게 되었다. 인생의 새로운 길을 열어주신 김도사님과 권마담님에게 감사의 마음을 전하고 싶다. 온라인 문맹이던 나에게 메일 보내는 방법, SNS 하는 방법, 자료 찾는 방법, 한글 워드 작성하는 방법을 일일이 가르쳐주느라 애쓴 딸과 아들이 고맙다.

내가 힘들 때 내 마음을 지탱해준 하나님, 정말 물심양면으로 기도해주신 권사님, 집사님, 지역 식구들에게 감사의 마음을 전한다.

이 책이 날마다 선택의 기로에서 자신을 무시하며 남의 말을 좇아 살아가는 많은 사람들에게 참된 자신을 찾게 하고 행복을 발견하게 만드는 기회가 되기를 기원한다.

2021년 2월
정미연

## 1장

# 짜장면인가, 짬뽕인가
# 그것이 문제로다

# 01

## 삶은 선택의 연속이다

"모든 사람들은 이것이든 저것이든 하나를 선택한다. 그리고 그들은 그것에 대하여 책임을 져야만 된다."

— 장 폴 사르트르

"인생에서 원하는 것을 얻기 위한 첫 번째 단계는 내가 무엇을 원하는지 결정하는 것이다."

— 벤 스타인

삶은 선택의 연속이다. 선택과 선택이 쌓여 인생이 되기도 한다. 아침에 눈 뜨자마자 출근 준비를 위해 선택해야 한다. 뭘 먹고 출근하지? 헤어스타일은 어떡하지? 화장은 무슨 색으로 할까? 옷은 어떤 스타일로 입지? 오늘 신발은 뭘 신을까? 출근길에 버스를 탈까? 지하철을 탈까? 아침 출근 시간이 늦었을 때는 어쩔 수 없이 택시를 타야 하는 경우도 있다.

직장인이면서 주부인 나는 매일 퇴근 후 마트에 간다. 야채 코너의 비싼 것과 싼 것, 나는 싸면서 많이 주는 야채를 고른다. 내가 좋아하는 과일 코너. 과일은 내가 어떤 과일이 맛있는지 선택할 수 있다. 그리고 우유나 유제품 같은 경우는 유통기한을 꼭 보고 선택해야 한다. 그날 저녁 메뉴는 내가 먹고 싶은 것에 좌우된다. 내가 먹고 싶은 것이 있으면 뭘 사야 할지 고민하지 않아도 된다. 직장인의 점심 시간. 직장인들의 제일 고민거리가 점심 메뉴 고르는 것이라고 한다. 그날 먹고 싶은 것이 있으면 선택이 빨라지고 먹고 싶은 것이 없으면 고민하게 된다. 직장에서 직원이 매일 물어본다. "정 선생, 오늘은 뭐 먹을 거예요?"

약속이 있는 날은 약속 장소와 시간, 메뉴를 선택해야 한다. 먹는 것은 약속하는 사람에 따라 메뉴 선택이 복잡해지기도 한다. 이처럼 우리의 삶은 매일 매 순간마다 선택을 해야 하는 상황이 생겨난다. 하지만 대한민국의 젊은 청년들은 내 의지와 상관없이 군 복무를 해야 하는 경우도 있다. 평생 내야 하는 공과금은 선택과 상관없이 지불해야만 한다. 적금이나 신용카드 대출은 내가 하고 싶으면 하는 선택 사항이다.

어느 쪽을 선택하느냐에 따라 그날이 즐겁고 알찬 하루가 될 수도 있고 후회스럽고, 허무한 하루가 될 수도 있다. 나는 출근하는 옷 스타일이 마음에 들지 않으면 그날 기분이 좋지 않다. 이러한 일상의 작은 선택만 있는 게 아니라, 갑자기 몸이 아프면 병원을 빨리 찾아야 하는 경우도 있다. 살아가면서 아이들의 육아 문제, 특히 맞벌이 부부들의 아이들 맡기는 문제, 유치원 입학 문제, 학교를 선택해야 하는 진학 문제, 학원 선택 문제, 대학까지 졸업을 하게 되면 취직 문제가 다가온다. 취업을 했어도 직장이 마음에 들지 않는다고 또 다른 직장을 알아보기도 한다.

우리 세대만 해도 처음 직장을 천직으로 생각했는데, 요즘 젊은 세대들은 취업을 하고도 다른 직장으로 잘 옮기는 것 같다. 취업을 하고 어쩌다 연애를 하고 결혼이라는 인생의 커다란 결정을 내려야 할 때가 온다. 결혼 같은 경우 준비해야 할 게 많다. 신혼집을 구해야 하고 결혼식장, 신혼여행지, 보통 신부들이 준비하는 살림살이를 준비해야 한다. 가전제품이나 살림 도구를 준비하면서 많이 싸우는 경우도 있다. 살다 보면 이사를 해야 하는 경우 집을 보러 다녀야 한다. 때로는 한 번의 선택으로 인생이 달라지기도 한다. 취직이나 결혼 같은 인생의 굵직한 사건들은 이후의 인생에 커다란 영향을 끼치기도 한다. 이 글을 쓰고 있는 나는 어떤 선택이나 결정을 내릴 때 서툴고 어느 것 하나 결정을 하려면 시간이 남들보다 조금 오래 걸렸다. 그래서 어떤 상황에서는 내 생각과는 상관없이 타인의 선택에 맡겨지기도 했다. 금전적인 문제에서 아는 사람이 돈을 빌려 달라고 할 때 거절하지 못하고 빌려주고, 돌려받지 못하는 상황도 있었다. 친구들이나 사람들의 얘기를 많이 들어주는 편이었지만 내 주장을 말하지 못하는 예도 있었다. 남한테 싫은 말을 못 해서 혼자서 끙끙 앓는 일도 있었다. 지금 생각해보면 살아오면서 제대로 선택하는 것에 대해서 누구의 도움이나 배움을 받아보지 못했다.

혼자 생각하고 판단하며 살아왔던 것 같다. 그래서 우리는 무엇을 선택하느냐가 아니고 어떻게 하면 스스로 판단해서 선택할 수 있을지를 배워야 할 것 같다. 그리고 내가 좋아하는 것을 선택하고 내가 행복해지는 것을 선택하고 최선의 삶을 선택해서 살았으면 좋겠다.

사람들은 누구나 자기의 의지나 선택에 상관없이 이 세상에 태어나기도 한다. 나도 마찬가지로 내 의지와 상관없이 세상에 태어났다. 옛날 엄마, 아버지는 결혼하고 나서도 아기가 안 생겨서 8년 동안 애를 썼다고 한다. 그러다 첫째 아들, 둘째 아들, 셋째 아들, 엄마는 나를 가지자 또 아들일까 봐 지우려고 약도 먹어보고 언덕배기에서 뒹굴어보기도 했다고 한다.

그렇게 나는 한려해상국립공원인 경남 통영에서 3남 1녀 중 막내딸로 태어났다. 막내딸이라 엄마, 아버지의 사랑을 많이 받으며 자랐다. 지금 생각하면 그렇게 사랑받으며 자랐다는 생각은 안 하지만, 부산 경남 지방은 성격이 좀 무뚝뚝해서 표현을 잘 하지 않는 편이라 그렇게 느낀 것 같다. 아버지는 술 드시고 들어오시는 날에는 수염 가득한 얼굴로 "딸~ 딸아! 양임 딸~ 딸아!" 하시며 내 얼굴에다 아버지 얼굴을 막 비벼대던 생각이 난다. 그게 아버지의 사랑 표현인데, 그 어린 시절의 나는 술 냄새도 나고 얼굴이 따갑고 그런 게 싫었다. 그래서 아버지 얼굴을 막 밀쳐 냈던 기억이 난다. 아버지는 4년 전 위암으로 돌아가셨다. 91세의 나이까지 장수하셨다. 아버지는 살아생전 형제들이 모두 일찍 돌아가셔서 한이 되어 술을 드시면 항상 우셨다.

옛날 아버지는 배 사업을 하려다가 사기를 당하고, 빚을 많이 지게 되어 원양어선을 타셨다. 그래서 엄마 혼자 농사지으시고 아버지가 보내주는 돈으로 빚을 갚으면서 4남매를 키우셨다. 그렇게 엄마는 억척스럽게 안 먹고 안 쓰면서 저축을 많이 하며 살아오셨다. 그런 엄마의 모습을 내가 닮아갔다. 초등학교 때까지 아버지에 대한 기억은 외국에서 몇 년마다 들어오시고 들어오실 때마다 외제 녹음기, 카세트, 외제 약(안티푸라민) 같은 걸 사서 들어오셨던 기억이 난다.

그 당시 시골에서 집은 가난했지만 카세트에 테이프를 꽂아 노래를 듣곤 하였다. 아버지는 지금은 돌아가신 김정구 가수의 〈두만강〉 노래를 좋아하셨다. 동네에선 그래도 외제 카세트가 있는 집이 우리 집뿐이었다. 내가 초등학생 때까지 우리 집엔 텔레비전이 없어 저녁 먹고 나면 큰집에 가서 텔레비전을 보고 엄마 등에 업혀서 집으로 오곤 했던 기억이 난다. 그리고 초등학교 시절에는 외국에 계신 아버지에게 편지를 많이 썼는데, 엄마가 불러주시고 나는 그대로 편지에 적었다. 편지 봉투는 테두리가 빨강 파랑으로 된 봉투에 보냈다. 엄마는 글을 모르셨다.

외할머니는 식구들 식량 구하러 배 타고 가시다가 배가 침몰하는 바람에 돌아가셨다고 한다. 어릴 적 엄마가 일찍 돌아가시고 가난한 살림에 글을 배울 수가 없었다고 한다. 오빠들에게는 시키지 않고 엄마는 항상 나에게 편지를 쓰라고 하셨다. 그때는 편지가 쓰기 싫었는데 어쩔 수 없이 엄마가 시키니까 했었다. 얼마 전 김도사님의 〈한책협〉에서 『기적의 손편지』라는 책을 사게 되었다. 초등학교 시절 아버지에게 편지 적었던 기억이 새록새록 나고 뭔가 가슴이 뭉클한 느낌이었다. 그렇게 손편지를 보내고 나면 아버지로부터 답장이 오곤 했다.

아버지는 그래도 초등학교는 나오셔서 글을 읽고 쓸 줄은 아셨다. 한번씩 통영집에 가서 아버지가 원양어선 타시면서 찍은 사진을 보면서 아버지를 추억해보곤 한다. 배에서 찍은 사진을 보면 아버지는 멋있어 보였다.

그렇게 아버지 사진 옆에 내가

'아버지 존경합니다'

'아버지가 자랑스럽습니다.'

'아버지 사랑합니다.'라고 적은 글이 있다.


내 의지나 선택과는 상관없이 이루어지는 것도 있다. 내가 국민학교(현재의 초등학교) 입학하려고 왼쪽 가슴에 하얀 손수건을 달고 조금 오르막길로 올라가고 있었다. 아버지께서 부르시더니 너는 여자니까 한 해 늦게 학교 가도 된다고 하시면서 내 손을 잡고 집으로 가는 것이었다. 그래서 나는 내 의지와 상관없이 9살에 초등학교에 입학하게 되었다. 내가 다닌 초등학교는 우리 동네에 있는 학교라 학생 수가 점점 줄면서 1, 2학년이 한 반이고 3, 4학년이 한 반 5, 6학년이 한 반에서 공부했다. 선생님 한 분이 두 학년을 가르치셨다. 그전에는 한 학년이 한 반이었다. 아이들이 점점 자라면서 외지로 가다 보니 학생 수가 점점 줄어드는 추세였다. 오전 수업이 끝나고 점심 시간에는 각자 집으로 가서 점심을 먹고 다시 오후 수업을 했다.


시골에 있는 학교라 운동장에 풀이 많아 오후 수업이 끝나면 호미로 풀을 뽑아내기도 하였다. 그러고 보면 나는 주민등록상에도 한 살 적게 되어 있다. 출생신고를 늦게 해서 늦어진 것이다. 보통 친구들은 나보다 한 살 적다. 초등학교 시절에는 나이에 예민하지 않았지만 중·고등학교 시절에는 친구들보다 한 살 많다는 게 싫어서 나이에 좀 예민했던 것 같다. 그러나 주민등록상 한 살 적게 되어 있는 게 유리할 때도 있었다. 취업할 때나, 무슨 서류를 낼 때는 한 살 적은 게 유리하긴 하였다. 학교를 한 살 늦게 가서 불편하거나 힘든 건 없었다.

# 선택에 따라
# 우리의 미래가 결정된다

초등학교를 졸업하고 중학교는 자연히 면 단위에 있는 중학교를 가게 되었다. 1980년에만 해도 도로는 아스팔트길이 아니고 비포장도로였다. 동네에서 중학교까지는 차를 타고 30분 넘게 가야 했다. 중학생 때까지만 해도 버스에는 안내양 언니가 있었다. 안내양이 돈을 받고 잔돈을 내주곤 하였다. 그리고 아침 출근길 사람들이 많은 날은 안내양이 버스 문에 매달려서 차가 달리기도 했다. 안내양 언니가 불쌍해 보이고 혹시나 떨어지지나 않을까 걱정되기도 했다.

소심하고 내성적이었던 나는 중학교를 간다는 게 설렜다. 초등학교는 같은 동네 친구들이고 어려서부터 초등학교 6학년까지 같이 지내서 익숙하였다. 하지만 중학교는 면 단위 각 동네에서 학생들이 모이는지라 친구들 얼굴도 낯설고 어떤 친구들과 사귀게 될지도 궁금하기도 했다.

중학교 입학식 날은 낯선 환경과 친구들도 초등학교 때보다는 많으면서 어색하고 가슴이 쿵쾅쿵쾅하였다. 내성적이었던 나는 사람을 많이 가리는 편이고 남한테 쉽게 먼저 말을 거는 편이 아니었다. 그리고 선생님도 과목마다 다르고 학교도 초등학교보다 컸다. 특히 교장 선생님께서 교육방침이 조금 특이하셨다. 보통 교장 선생님은 교장실에서 잘 나오지 않으시는데 중학교 때 교장 선생님은 수업 시간에도 한 번씩 교실을 돌아보고 가시기도 하고 학교 행정이나 환경 관리도 교장 선생님께서 상관을 많이 하신 것 같다.

교장 선생님은 키도 크시고 안경을 끼시고 얼굴이 까무잡잡한 편이셨다. 교장 선생님 별명이 말 대가리였다. 그리고 각 반마다 책상 배치가 좀 특이했는데 보통 두 줄씩 네 분단으로 앉았다. 우리 중학교는 반마다 세부적으로 여섯 반이 또 나뉘어졌다. 정직반, 근면반, 자립반, 개척반, 창의반 등 각 반에서 반장, 부반장이 있고 한 반 전체 반장이 따로 있었다. 그때만 해도 한 반에는 학생 수가 60명 정도 4반까지 한 학년이 전체 240명 정도 되었다.

시험 기간이 끝나고 나면 평균 70점 이상인 친구들은 복도 가운데 표지판에 이름과 점수를 기재해놓고 했었다. 그래서 시험이 끝나면 평균 70점 이상 받은 친구들이 누군지 알 수 있었다. 나는 초등학교 때는 공부를 썩 잘하지는 못했다. 초등학교 입학했을 때 오빠한테 야단맞아가면서 한글을 익혔던 기억이 난다.

그런데 중학교 가서 공부에 좀 흥미가 있게 되었고 복도 점수판에 내 이름이 항상 있었다. 그 표지판을 보면서 다른 친구들보다 우월감 같은 느낌도 있었다. 어떤 친구들은 1학년 초에는 이름이 올라오더니 점점 올라오지 않는 친구도 있었고 나중에 이름이 올라오는 친구도 있었다. 과목 중에는 영어, 국어는 높은 점수를 받았고 수학하고 과학이 점수가 잘 나오지 않았다. 중3이 되고 고등학교 진로 문제로 다들 고민하고 있을 때다. 남학생들은 공부 잘하는 친구들은 통영고등학교를 가고 아니면 통영 상고나, 충무고등학교, 외지 부산이나 창원 쪽으로 갔다. 여학생들은 통영여고나 아니면 충렬여상(지금은 없어지고 명칭이 바뀌었음), 그 외 마산 한일합섬이라고 낮에는 일하고 밤에 공부하는 곳이 있었고 부산 쪽으로도 갔다.

나는 그때만 해도 대학교 가고 싶은 마음이 있었다. 그래서 엄마한테 인문계 고등학교인 통영여고 가고 싶다고 하였다. 그런데 엄마는 여고

가는 것을 반대하셨다. 그냥 집안 형편도 그러하니까 여상을 가라고 하셨다. 그때만 해도 대학교 가는 친구들이 몇 명 안 되었다. 공부를 특별히 잘해서 인문계 고등학교 나온 친구들은 대학교 간 친구들이 있다. 그래서 여고, 여상 문제를 놓고 엄마와 실랑이를 벌였던 것 같다. 결국 나는 엄마 하라는 대로 여상을 지원하였다. 내 욕심보다는 집 형편을 생각해서 여상 나와서 취직을 해야겠다고 생각했다. 그때만 해도 여상이 좀 높았다. 충렬여상은 동네에서 차를 타고 거의 1시간 넘는 거리다. 그렇게 충렬여상에 당당하게 합격하였다. 어떤 친구는 자기 생각보다 높은 곳에 지원했다고 생각되는지 긴장을 엄청 많이 하는 친구도 있었다.

그렇게 나는 공부를 좀 해서 다른 외지로 나가지 않고 집에서 고등학교에 다니게 되었다. 시골이라 과외는 꿈도 꾸지 못했고 학원은 생각해 보지도 못했다. 책하고 노트 참고서 정도 본 것 같다. 그렇지 않은 친구들은 성적대로 외지로 나가 자취를 해서 학교에 다니는 친구들도 있었다. 아니면 마산이나 부산 쪽으로 나가 낮에는 일하고 밤에는 공부하는 학교로 가는 친구들이 있었다. 엄마가 하라는 대로 여상을 지원한 것이 잘한 것이라고 생각된다.

그렇게 나는 충렬여상에 입학하게 되었다. 여상이라는 뿌듯함도 있었다. 1학년 때 나는 성적순으로 지금 생각이 잘 안 나지만 반에서 무슨 부서를 맡았다. 그러나 내가 생각했던 충렬여상이 사립학교라서 그런지 선생님들이 다들 오래 계셔서 나이가 있으신 선생님들이 많으셨다. 어떤 선생님은 수업 시간 내용이 머리에 잘 들어오지 않는 분도 계셨고 그중 개성이 강하신 서예 선생님은 학생들에게 잔소리가 심하셨다. 그 선생님께 한번 찍히면 계속 그 학생만 야단치는 분이셨다. 그리고 수업 분위기가 조금만 떠들어도 안 되고 정자세로 군대 내무반 점호 때와 똑같았다. 하지만 글씨만큼은 엄청 잘 쓰셨다. 그 선생님 덕으로 나는 숫자 쓰는 것과 글씨체가 제대로 바뀐 것 같다. 그래서 친구 간에 그 선생님 뒷담화가 많았다.

최정혜 국어 선생님은 수업 시간 재밌으시고 수업 내용도 머리 팍팍 잘 들어오게 설명을 잘해주셨다. 카리스마 있으시고 학생들이 그 선생님을 다들 좋아했다. 그리고 패션 감각도 있어서 멋쟁이셨다. 2학년 때부터 영어 선생님이 계셨는데 별명이 꺼벙이셨다. 나는 그 영어 선생님을 좋아했었다. 다른 친구들은 과학 선생님이 계셨는데 다들 그 선생님을 좋아했었다. 배추 머리에다 나는 그런 스타일이 싫었는데 왜 그 선생님을 좋아하는지 이해가 가지 않았다.

상업고등학교라 공부 외에 주산, 부기, 타자 급수를 따야 했다. 어떤 친구들은 학원에 다니는데도 급수 시험에서 떨어지는 친구들도 있었다.

나는 주산, 타자는 학원 다니지도 않고 2급을 따고 부기는 좀 어려워 학원에 다녔다. 그렇게 3과목 급수가 2급을 받았다. 2학년은 반에서 부반장을 하고 3학년 때도 부반장을 했다. 내가 생각하기에 내가 공부를 썩 잘해서 부반장을 한 게 아니라 여상이라 그런지 친구들이 공부를 너무 하지 않은 것 같았다. 어느덧 3학년이 되고 취업을 준비하기 시작했다. 나는 취업을 보험회사 경리직 정도 들어갈 생각을 하고 있었다. 그때만 해도 자존감이 낮았다. 처음 취업 면접이 들어온 곳이 제일은행이었다. 나는 3학년 1반이고 2반 반장과 제일은행 면접을 보게 되었다. 내가 생각해도 2반 반장에 비해 좀 불리했다. 성적도 2반 반장보다 좀 떨어지고 급수도 2반 반장이 하나는 1급이 있었다.

하지만 그때 우리 반 친구들이 인상은 내가 더 좋다며 용기를 주었다. 결국 제일은행은 떨어지고 다시 경남은행 면접을 보게 되었다. 면접 보는데도 엄청나게 떨렸던 기억이 난다. 그렇게 나는 경남은행에 합격하게 되었다. 중학교 때 엄마 말을 듣지 않고 여고를 갔다면 어떻게 됐을까? 어중간하게 여고 나와서 대학교도 못 가고 제대로 취업을 못 하는 친구들이 많았다. 나는 여상을 택해서 은행이라는 안정된 직장에 취업을 하게 된 것이다. 그때만 해도 시골에서 은행에 취업한 사람이 없었다. 나는 우리 집안의 자랑이었다. 동네에서도 자랑이었다. 아버지는 동네에서 술 드시면 내 자랑을 많이 하신 것 같다. 고등학교 때 공부해서 장학금 받은 거랑 아버지가 자랑을 좀 하셨나보다. 아버지가 내 앞에서는 내색을 않으시고 남들 앞에서는 막내딸 자랑을 많이 하신 거 같다.

요즘 젊은 세대들은 다들 대학교는 기본으로 간다. 그리고 스펙 쌓기로 뜨겁다. 대학교를 가기 위해서 학원은 기본으로 다닌다. 스펙은 대학생이나 취업준비생에게만 해당하는 것이 아니다. 요즘 아이들은 걸음마도 시작하기도 전에 한글과 영어를 배우기 시작한다고 한다.

월 100만 원이 넘는 영어 유치원을 졸업하고 영어 말하기 대회를 나간다고 한다. 초등학생이 토익이나 토플 시험을 보기도 한다. 우리가 학교에 다니던 시절하고 지금은 천지 차이다. 요즘 학생들과 대학생들은 왜 그렇게 불쌍해 보이는지.

내가 학교 다니던 시절 요즘 학생들처럼 공부했다면 대학교는 갔을 것 같다. 대학교를 나와서 초등학교 교사나 유치원 교사를 하지 않았을까 생각해본다. 나는 아이들이 너무 좋다. 아이들 가르치는 직업을 택했을 것 같다. 그리고 우리가 학교 다닐 때는 주변이나 학교에서 충고나 조언, 꿈을 갖고 살아가라는 말을 들어본 적이 없는 것 같다. 지금 생각하면 그런 부분이 참 아쉽다는 생각이 든다. 대학생들은 용돈과 책값 등을 벌기 위해 아르바이트한다. 부모님들은 대학교 학자금 마련하느라 등골이 빠진다. 대학 생활 내내 좋은 직장에 취업을 위해 학점을 관리하고 자격증을 따고 토익 점수는 기본으로 스펙을 쌓느라 전전긍긍한다. 그렇게 열심히 공부하고 스펙을 쌓았지만 취업하기는 쉽지 않다. 다들 자신의 기량에 맞는 취직 자리를 알아보느라 웬만한 취업 자리는 거들떠보지도 않는다. 대부분 공무원이나 대기업 중소기업에 취업하고 싶어 한다.

지금은 우리나라가 살기 좋아지고 생활 환경도 나아지고 돈만 있으면 무엇이든 구할 수 있는 나라가 되었다. 하지만 교육열이 높아진 만큼 의식 수준이 높아지다 보니 취업의 문은 좁아졌다. 내가 자란 시골 학교와 지금 학교는 너무 다르다. 차라리 우리 세대가 클 때는 환경은 좀 가난했지만 지금 세대보다 행복했던 것 같다. 선택의 폭이 넓지 않아서 취업하는 것에 시간과 노력을 많이 투자하지 않았다. 나는 지금 젊은 청년들이 눈높이를 조금 낮추고 행복한 선택을 하고 행복한 삶이 되었으면 좋겠다.

# 복잡함보다는 단순함이 좋다

"딸, 이것 버릴 거야?"

"이것도 버릴 거 아냐?"

"책상이 왜 이리 지저분해?"

딸이 하는 말은 이렇다.

"그건 버리지 마."

"아, 내가 버릴게, 가만 놔둬."

책상 청소할 때마다 이렇게 한바탕 실랑이가 벌어진다. 아무리 잔소리해도 책상이 지저분한 우리 딸. 직장 생활하면서 시간을 낼 수 없어 오늘 같은 일요일 마음먹고 청소를 해본다. 같은 환경에서 자랐지만, 아들 책상은 너저분하지는 않고 정리가 되어 있다. 우리 딸은 아무리 잔소리해도 정리가 되지 않는다. 잔소리하면 오히려 자기가 한다고 큰소리친다. 어쩌다 자기가 마음이 내키면 한 번씩 청소한다.

우리 딸뿐만 아니라 직장 동료 딸들이나 친구 딸들을 보면 다들 깔끔한 여자애들이 없는 것 같다. 왜 그럴까? 요즘은 엄마들이 청소를 아이들에게 시키지 않고 엄마들이 해버린다. 아이들에게 청소하는 습관이 배어 있지 않다. 나 또한 아이들에게 시키지 않고 그냥 내가 청소하고 살아왔다. 친구들이나 아는 사람 집을 방문해보면 어느 정도 정리 정돈된 집이 있는가 하면 정리 정돈도 안 된 집이 많다. 특히 손님이 오면 냉장고 보는 것을 대부분 꺼린다. 냉장고가 복잡하기 때문이다. 가정에서 제일 정리되어야 할 곳이 옷장과 부엌, 싱크대, 냉장고인 것 같다. 주부들이 제일 정리가 안 되는 곳이기도 하다.

요즘은 미니멀 라이프가 대세다. 텔레비전 프로그램에도 보면 〈신박한 정리〉라는 프로그램이 있다. 집구석 카운셀링, 집이 바뀌면 삶이 바뀐다는 주제의 프로그램이다. 얼마 전 아나운서 오정연의 집이 공개되었다.

사람들은 보통 아나운서라고 하면 깔끔한 외모 단정한 분위기가 생각된다. 그러나 완벽한 오정연에게도 부족한 한 가지, 정리가 어렵다고 하였다. 혼자 살지만, 추억과 함께 산다고 한다. 과거 기록들과 과거 물건들을 버리지 못하고 있었다. 추억이 깃든 물건들을 버리지 못한다고 한다. 집으로 들어서자 신발장에 신발이 가득 차 있다. 부엌으로 들어가자 상자와 잡동사니 물건들로 가득 차 있다. 식탁 밑에 고장 난 커피머신을 버리지 못하고 있었다. 방으로 들어가자 온갖 잡동사니 물건들로 가득 차 있었다. 대학교 수능시험 성적표가 있고, 초등학교 성적통지표도 있다. 신애라가 하는 말이 "이것들이 역사가 있고 이제까지 지탱해주고 응원해주고 있었다. 하지만 이 상태로는 안 된다. 힘들지만 반드시 정리가 필요하다"고 말한다.

그리고 정리가 된 변신한 모습을 보게 된다. 오정연은 너무 깜짝 놀란다. 그 많던 추억의 물건들을 정리한 서랍장이 거실에 있었다. 추억이 담긴 액자가 한곳에 정리되어 있다. 오정연은 기쁨의 눈물을 흘린다. 주방에는 그 많던 잡다한 물건들이 없어지고 깔끔하다. 드레스룸에 들어서자, 잘 정리된 드레스룸을 보고 오정연은 놀라움을 금치 못한다. "저 이렇게 호강해도 되나요?" 한다.

의뢰인 배우 장현성 씨가 있다. 장현성 씨의 집은 그렇게 복잡하지 않다고 생각한다. 집에 들어서면 식탁이 바로 보이고 식탁이 자리를 많이 차지하는 것 같다. 그러나 가구를 재배치하니 집이 완전히 달라진다. 거실의 소파를 벽 쪽으로 붙이고 부엌에 있던 식탁을 거실 가운데로 배치했다. 그리고 큰아들 준우 방은 책상이 창문을 등지고 있어 햇빛을 등지고 있었다. 침실을 창 쪽으로 하고 책상 위치를 바꾸기만 했는데도 너무 다르다. 준우는 답답했던 마음이 해결되니 기뻐서 눈물을 흘린다.

그리고 둘째 준서의 방은 들어서자 2층 큰 침대와 가구가 눈앞을 가로막고 있다. 2층 침대를 단층 침대로 바꾸고 책상을 창 쪽으로 하니 분위기가 너무 다르다. 2층 침대를 단층으로 바꿔도 괜찮냐고 하니까 준우는 너무 좋다고 한다. 장현성 씨 와이프는 방이 바뀌는 장면을 볼 때마다 기쁨의 눈물을 흘린다. 특히 장현성 씨의 방을 정리해준 것에 대해서는 남편이 고마움을 표시하면서 눈물을 흘렸다. 우리가 정말 정리를 사소하게 생각하지만, 가구 재배치와 정리의 힘은 너무 크다고 생각한다.

〈신박한 정리〉는 나만의 공간인 '집'의 물건을 정리하고 공간에 행복을 더하는 노하우를 함께 나누는 프로그램이다. 정리하면 인생이 바뀐다는 말은 맞는 말이다. 하지만 정리를 못 하는 사람의 심리를 이해해야 한다. 정리된다는 것은 마음이 정돈된 상황이다. 정리가 되지 않았다는 것은 심리적인 상태를 보여준다. 더럽다거나 정리도 못 한다고 비난하면 안 된다. 누구도 정리하고 싶지 않은 사람은 없다. 오늘의 환경은 과거를 반영한다. 과거에 대한 집착은 과거에 경험한 미련 때문이다. 미련이라기보다는 미해결된 감정의 문제이다.

"정리란 나에게 꼭 필요한 물건으로 최적의 공간을 만드는 행위다. 지난 과거나 아직 다가오지 않은 미래를 지나치게 고려해 정리하지 않으면, 현재의 삶에 좋지 않다고 생각한다. 정리는 현재의 삶에 집중하게끔 만드는 순기능이다. 지금 우리가 있는 공간은 현재의 인생을 위해 존재하는 것임을 잊지 말아야 한다."

공간 크리에이터 이지영의 말이다. 집이 바뀌면 마음이 바뀐다. 집이 바뀌면 꿈이 되살아난다. 집이 바뀌면 과거가 해석된다. 집이 바뀌면 현재가 보인다. 집이 바뀌면 미래가 열린다. 이것이 정리의 힘이다. 정리는 심리 회복이다.

이렇게 우리가 사는 공간도 복잡함보다는 단순함이 좋다. 우리가 살아가는 삶도 복잡함보다는 단순한 삶이 좋은 것 같다. 우리가 먹는 음식도 적당한 단백질, 지방, 섬유질, 소량의 탄수화물이 포함된 질이 좋은 식사는 한 끼만 먹어도 몸이 회복된다. 무엇보다 적게 먹는 것이 중요하다. 과유불급은 지나친 것은 미치지 못한 것과 같다는 뜻이다. 음식도 약간 모자란 듯 먹을 때가 가장 좋다. 모든 일에는 여분을 남겨두어야 아름답다. 인생도 약간 모자란 듯 살라고 한다. 일을 할 때도 70%의 에너지만 쓰고 나머지는 돌아볼 여유를 갖게 남겨 놓으라고 한다. 매사에 조금 모자란 듯한 것이 최선이다.

사람은 누구나 칭찬에 목마르고 주목받고 싶어 하며, 나름의 지위를 통해 존경받고 싶어 한다. 그러나 인정 욕구가 지나치면 과시욕이 된다. 번듯한 명함, 큰 평수의 아파트, 외제 차, 명품 가방 등을 통해 남에게 인정받고 싶어 한다. 심지어는 자녀의 상위권 대학 입시를 통해서도 인정받고 싶어 한다. 그러다 보면 늘 갈증이 난다. 단순한 삶이 필요한 이유이다.

우리는 자기 인생을 스스로 선택하여 살아갈 때 자유롭다. 단순한 삶을 살다 보면 자립하게 된다. 타인의 시선에서 벗어나, 있는 그대로의 모습으로 나답게 살아가기 때문이다. 타인의 기대에 맞추느라 누군가에게 잘 보이고 싶어서 또는 무시당하기 싫어서 나답게 살지 못하는 의존적인 삶을 벗게 된다.

우리가 또 살아가다 보면 사람과의 관계를 빼놓을 수 없다. 요즘은 SNS가 발달하여 초등 친구부터 중학교 친구, 고등학교 친구 등 모임이 많아졌다. 하지만 너무 인간관계에 치우쳐서 모임을 중요시하다 보면 내 삶이 없어지는 느낌이 들 때도 있다. 그래서 미니멀 인간관계를 유지하는 것도 중요하다. 먼저 의미 없는 모임이 먼저인지, 내 감정이 먼저인지, 우선순위를 생각하면 선택이 쉬워진다. 우리는 스스로 묻고 대답하면서 어떤 생각을 가지고 살아가고 있는지, 무엇을 원하는지 스스로 물어봐야 한다.

두 번째 적당한 거리 유지가 필요하다. 상대를 가르치려 들지 말고 지적하지 말고 공감만이 적당한 인간관계가 될 거 같다. 거리 유지를 하라는 말은 처음부터 자신의 너무 많은 걸 오픈하면 상대는 호기심을 잃어버리고 더 자극적인 걸 원한다. 세심한 이야기들보다는 적당함을 유지한 이야기들을 먼저 나누고 친해진 다음에 고민을 얘기하며 감정의 위로를 받아도 충분하다. 뭐든 너무 급하게 앞서가지 말자.

세 번째 모두에게 호감일 필요는 없다. 애쓰지 말자. 결국 내 사람은 내 곁에 있게 된다.

# 인생은 작은 선택의 연속이다

결혼하고 애 둘 낳고 하다 보니 나 자신이 무기력해지는 느낌이었다. 결혼하고 애들 키우고 하느라 집에만 있었다. 시댁에서 누가 애들 봐줄 사람도 없었고 친정은 너무 멀리 있고 자연히 육아는 내가 혼자서 담당해야 했다. 큰애가 8살 되던 즈음 우리 부부 결혼 생활은 그냥 무덤덤한 상태랄까, 서로 속 얘기 대화도 없었고 같은 취미가 있는 것도 아니고 그저 일상생활에만 젖어서 살아가고 있었다. 남편은 직장 생활 성실히 하고 별달리 속 썩이는 일은 없었다.

결혼 10년 차 정도 되니 권태기도 온 것 같았다. 그런데 남편에게서 안 좋은 느낌이 왔다. 숙직이 있다면서 집으로 들어오지 않는 횟수가 점점 늘어가는 것이었다. 나는 이런 생활은 아니다 싶어 나 자신을 개발해야겠다는 마음으로 뭔가를 배워야겠다고 생각했다.

2001년도 한참 컴퓨터가 활성화되던 시기였다. 집에도 컴퓨터를 설치했다. 남편 친구의 친구가 하는 회사에서 컴퓨터를 사게 되었다. 처음 설치하시면서 설명을 들었지만 뭐가 뭔지 잘 몰랐었다. 컴퓨터를 설치하니 우리 아들 세상이었다. 매일 컴퓨터 앞에서 게임하느라 정신이 없었다. 그러다 보니 자연히 공부를 뒷전으로 하게 됐다. 나는 컴맹이라 컴퓨터 조작하는 것을 몰랐다. 그래서 컴퓨터를 배우고 싶어 학원을 알아봤다. 삼선동에 있는 문화센터였다. 그때 수강생 중 제일 어르신이 70대 후반의 할머니가 컴퓨터를 열정적으로 배우고 계셨던 기억이 난다. 항상 생활한복을 입으시고 어깨에 카디건을 두르시고 머리는 옛날 할머니들 쪽머리를 하고 계셨다. 아는 것도 많으시고 강사 선생님이 물어보시면 대답도 잘하셨다. 할머니는 나보다 더 컴퓨터에 대해서 잘 알고 계셨다. 대단한 할머니셨다. 그때 가르쳐주시던 강사 선생님은 상냥하고 인상이 참 좋으신 분이셨다.

현대백화점에서 대화법이라는 주제로 강의하는 게 있었다. 소책자를 보니 나에게 딱 맞는 주제 같아서 신청을 하고 열심히 강의 들으려고 갔었다. 신청자들이 거의 주부들이었다.

강사분은 전 항공사 스튜어디스 출신이라고 하였다. 강의 내용은 내가 상대방을 부정적으로 보는 시선과 상대방이 나를 부정적으로 보는 시선 등 그리고 앞으로 10년 후의 내 모습을 상상해보라고 하는 강의였다. 10년 후의 내 모습을 상상하는 것은 앞에 나가서 발표했었다. 그때 나는 10년 후면 직장 생활을 하면서 자녀들도 잘 키우는 워킹맘이 되어 있을 거라고 발표했었다. 그때는 상상의 힘을 몰랐을 때지만 상상하던 대로 10년 되기 전에 워킹맘이 되어 있었다.

어떤 날은 엄앵란 영화배우님이 오셔서 강연도 하셨다. 엄앵란 선생님의 책을 한 번 읽었던 터라 강연은 재미있었다. 선생님 특유의 떨리는 듯한 목소리와 살아온 얘기들을 푸시면서 재밌게 강연하셨다. 그때 강연 내용은 쓰레기가 쌓이면 버려야 되듯이 사람들도 스트레스가 쌓이면 풀어야 한다고 하셨다. 사람들 사는 모양은 아파트 10층, 11층 사람들 다 똑같다고 하셨다. 그리고 엄앵란 선생님이 쓴 책에도 있지만 살면서 여러 가지 고난도 많이 있었던 것 같다.

그때 엄앵란 선생님을 우러러 보았던 것은 살면서 어렵고 힘든 일이 많으셨고 그때마다 슬기롭게 헤쳐나가신 모습이 보기 좋으셨다. 그리고 남편의 바람피우던 시절 나와 같은 일도 겪으셨고, 그 힘든 시절을 인내와 참음으로 가정을 포기하지 않고 살아오셨던 그것을 존경하고 싶었다.

　나는 운전면허도 꼭 따고 싶었다. 재봉하는 친구와 같이 하기로 하고 운전면허시험장을 알아봤다. 면허연습장이 서울과 경기도를 비교하니 경기도가 좀 싸길래 경기도를 택했다. 운전면허 문제지를 연습하고 필기시험을 친구와 같이 봤다. 나는 한 번에 붙고 싶었다. 그래서 문제를 꼼꼼히 봤다. 친구는 문제를 풀고는 나보다 빨리 나가는 것 같았다. 그러나 나는 겨우 70점을 넘겨 합격했고 친구는 떨어졌다. 지금은 컴퓨터로 시험을 보고 바로 결과가 나오지만 2003년 당시만 해도 시험지로 문제를 풀고 밖에서 기다리고 있으면 결과가 나왔던 것 같다. 그리고 면허연습장을 경기도 의정부로 택했던 터라 집에서 거의 한 시간 넘게 걸렸다. 그때 큰애는 학교 보내고 둘째는 유치원 보내놓고 오전에 연습하러 갔다. 연습용 차에 타자 옆에 가르쳐주는 선생님도 같이 탔다. 하나하나 배우는 과정이 신기하고 재밌었다. 나도 운전을 할 수 있다는 것이 대견했다. 약간 비탈길을 오를 때도 있었다. S코스, T코스, 열심히 배웠다. 연습이 끝나고 집으로 오는 길은 뭔가 뿌듯함에 기뻤다.

　그리고 도로 주행 연습도 했다. 나는 좀 소심하고 간이 작은 편이라 도로에 나가는 게 두려웠다. 하지만 운전면허는 따야겠다는 마음으로 열심히 배웠다. 실기 시험에서는 코스에서 한 번 떨어졌다. 역시 T코스에서 운전 미숙으로 떨어지고 그다음 합격하였다. 같이 시작했던 친구는 필기 시험을 두 번 떨어지고 세 번째 붙었다. 친구는 실기에서는 한 번에 붙은 거로 기억한다.

그리고 친구 학원비를 내가 카드로 결제를 하고 받기로 했는데 이제까지 받지도 못했다. 내가 달라고 말을 못 하는 건 그 친구 사정을 알기 때문에 그냥 넘겼다. 그 친구도 남편의 무능력함으로 혼자 재봉하면서 시어머니까지 모시고 살고 있었다. 그렇게 운전면허를 따고 어느 날 남편과 함께 연습하러 도로로 나갔다. 유턴하는 과정에서 액셀러레이터를 세게 밟고 핸들을 꺾었더니 차가 인도 난간을 들이받았다. 그때가 저녁 시간이었고 차는 중고차라 다행이었다. 차 옆에만 흠이 생기는 정도였다. 그 후로는 차 운전하기가 두렵고 싫었던 것 같다. 그래서 운전면허증은 고스란히 장롱 면허가 되었다.

그리고 결혼하고 10년을 애들 키우느라 집에만 있다 보니 직장도 다니고 싶었다. 인터넷을 뒤져서 은행 쪽으로 알바 자리가 있나 알아봤다. 2004년도만 해도 은행마다 시간제 근무자를 구하고 있었다. 예전 은행 근무 경험이 있는 사람들을 대상으로 찾는 자리였다. 몇 군데 연락했지만 떨어지고 신한은행에 전화를 해봤다. 다행히 면접을 보러 오라고 하였다. 우리 집은 성북구 길음동이고 신한은행 정릉 지점이었다. 거리상

멀지는 않은데 차를 두 번은 타야 했다. 이력서를 가지고 서무부 주임과 면접을 보고 출근하라고 하였다.

아, 너무 좋았던 게 10년을 경력 단절로 집에만 있었는데 직장을 다닐 수 있다는 게 너무 기뻤다. 그것도 다행히 경력이 있어 은행 근무를 할 수 있게 된 것이다. 다음 날부터 출근을 시작하였다. 먼저 출근하면 2층 탈의실에서 가운부터 갈아입어야 했다. 그리고 1층 영업장으로 갔다.

"3번 손님, 2번 창구로 오세요."

통영에서 서울 온 지 10년이 되었지만 나는 사투리가 바뀌지 않았다. 사투리를 바꾸려고 노력하지도 않았다.

경상도 사투리는 많이 쓰지 않지만 억양이 변하지는 않았다. 불편함이 없었기에 굳이 바꾸려고 노력하지도 않았다. 남편이 서울 사람이라 내가 좀 더 눈치가 있었다면 말투를 바꾸려고 노력했어야 했다. 컴퓨터를 다루고 업무는 그냥 하면 되는데 마이크에 대고 손님을 부를 때 사투리가 나와서 부끄러웠다. 그래서 손님을 부를 때 내 목소리가 작아지는 느낌이었다. 은행 업무 돌아가는 시스템은 어느 정도 알지만, 또 컴퓨터 일이나 자잘한 업무 같은 것은 물어보고 해야 했다. 바로 옆 오래된 여직원한테 물어보기도 하고 뒤에 과장님한테 물어보기도 했다. 과장님이 자상하고 친절하게 잘 가르쳐주신 것 같다. 점심 시간에 같이 식사하러 나가기도 하고, 점심은 은행 옆 식당에서 먹었다. 바로 옆 오래된 여직원은 계약직이라고 했다. 직장에서 계약직이라는 말이 나온 게 2000년대부터인 것 같다. 정식 직원으로 일하다가 계약직으로 바꾸고 일을 계속한다고 하였다. 서무주임은 내 옆 오래된 여직원과 친하게 잘 지내는 것 같아 부럽기도 하였다. 나는 환경도 낯설고 사람들도 익숙하지가 않아서 두렵고 낯설었던 것 같다.

그 대신 뒤에 계시던 과장님이 나에게 잘해주셨다. 과장님은 토,일요일도 나와서 근무할 때가 있다고 했다. 집에 있으면 할 일도 없거니와 공휴일 나와서 일하면 수당이 나오기 때문이었다. 내 수당은 일주일 일하니까 통장으로 입금을 해주었다. 그때 받은 수당은 얼마 안 되지만 결혼하고 나서 처음 월급을 받는 기분이라 마음이 뿌듯하였다. 나도 일할 수 있다는 자신감도 생긴 것 같았다. 그렇게 2주일 일하던 차에 육아휴직 들어간 여직원이 복직하였다. 그렇게 나는 직장을 그만두게 되었다.

나는 직장이 좋아서 계속 일할 수 있으면 했는데 그만두게 되어 아쉬움이 많이 남았다. 하지만 좋은 경험이었다고 생각한다. 그 후로도 서무주임이 전화 와서 다시 일해보지 않겠냐고 했지만 나는 거절해버렸다.

## 05

# 선택과 결정을 잘 못하는 이유

2011년 1월 초 살던 집을 경매로 낙찰을 못 받았다. 우리가 살고 있던 건물을 낙찰받은 사람과 협상을 하던 차에 우리가 다시 전세 재계약을 하고 살기로 하였다. 그 전세금으로는 어디 다른 데 갈 데가 없었기 때문이다. 그런데 다시 건물 낙찰받은 사람이 전세금을 올려달라는 것이었다. 그렇지 않아도 아는 사람이 우리 살던 집을 낙찰받은 것에 기분이 나빠 있는 상태에서 전세금을 올려달라고 하니 더 열이 올랐었다. 그래서 이사를 나간다고 하였다.

아마도 낙찰받은 사람은 우리가 나가기를 바랐던 것 같다. 자존심에 이사 나간다고 하였지만, 막상 그 돈 2,500만 원으로 이사하려니 막막했다. 그때 직장 동료들도 이사하지 말라고 난리였다. 그냥 거기서 사는 게 더 낫다고 하였다. 하지만 나는 살던 집에서 오로지 이사 나오고 싶은 마음뿐이었다.

나와 같은 마음이 아니면 어찌 내 마음을 알아주리오. 한 집에서 17년을 살았다. 지긋지긋했다. 그리고 남편과 사이가 멀어지면서 남편은 집에 들어오지도 않아 동네 사람 보기 부끄럽고 창피했다. 그렇다고 내가 성격이 사람들 좋아하고 하는 성격이 아니고 이웃 사람들하고 잘 지내는 것도 아니었다. 사람들은 다 알 것이었다. 17년을 한 집에서 살게 된 이유는 집이 복잡하여 이사할 수가 없었다. 건물주는 연락도 안 되고 처음 집을 계약한 초원빌라라는 회사는 사라지고 없었다. 그렇게 우리 살던 집을 낙찰 못 받고 이사를 결정하고 집을 알아보러 다녀야 했다.

남편하고는 연락도 잘 되지 않고 신경도 안 쓰는 것 같고 혼자서 이사할 집을 알아보러 다녀야 했다. 17년을 한 집에서 살면서 이사를 한 번도 해보지 못했다. 그래서 부동산에 대해 지식이 없었다. 내가 보통 사람들 이사하는 것과 비교되는 것은 이사 경험이 없고 이사를 사연이 많은 까닭에 어쩔 수 없이 집을 나와야 한다는 것이었다. 이사를 해보지 않으니 부동산에 대해 모르고 결혼하기 전까지 통영에서 살았다. 시골은 보통 자기 집이면 한집에서 오래도록 산다. 결혼 전까지도 이사해본 경험이 없었다.

한의원 근무하면서 그때 당시는 주5일 근무하던 때라 주중에 하루를 쉴 수가 있었다. 쉬는 날은 집을 보려 다녀야 했다. 날씨는 여름이라 더웠다. 하지만 2,500만 원으로 내가 살고 싶은 집을 구하기는 쉽지 않았다. 그 당시 보증금이 2,500만 원밖에 안 됐냐면 처음 신혼집을 삼천만원 전세로 시작하였다가 2006년도에도 건물이 경매 당하여 보증금이 깎였기 때문이다. 그 당시 경매 때는 시아버지께서 신경을 써주셔서 건물주와 상의하여 다시 전세 재계약을 하고 살았다. 직장 다니면서 하루 쉬는 날은 내가 하고 싶은 거 하면서 쉬고 싶다. 그러나 나는 집을 알아봐야 되고 바빴다.

두 남매를 아침에 학교 보내는 뒷바라지를 하고 부동산을 돌아다녔다. 내가 살던 집하고 직장이 가까워 직장 근처로 알아보러 다녔다. 보증금 2,500만 원에 월세를 구하러 다녔다. 일반주택으로 가보면 건물이 다 오래되고 낡아 있었다. 햇빛은 잘 들어오는데 구조가 마음에 안 들었다. 내부를 완전 수리하고 싶은 집도 있었다. 어떤 집은 가보면 나이가 60대 후반은 돼 보이는데 월세 사시는 분도 있었다. 그래서 내 생각에 저 나이에도 월세를 사시는구나 하고 혼자 생각했다. 정릉 4동 쪽으로 가보면 방 2

개에 방이 작고 구조가 마음에 들지 않았다. 어떤 집은 2층집의 2층이었는데 방만 크고 부엌이랑 욕실이 방 주변을 둘러싸고 있어 마음에 들지 않았다.

아리랑 고개 쪽으로 가보면 골목길 옆집이었는데 지하는 아니지만 들어가보니 뒤쪽은 막히고 반지하처럼 느껴졌다. 어느 날 시아버지께서 전화가 와서 길음동 쪽으로 좋은 집이 있다고 가보자고 하셨다. 집을 보니 구조는 괜찮은데 부엌이 너무 좁아 보였다. 아버님은 마음에 들어하시는 집이었는데 나는 마음에 들지 않았다. 그리고 전세금이 너무 비쌌다. 그 당시 월세 아니면 전세자금대출을 받아서 전세로 갈려고도 생각했다. 아버님은 이런 집 아니면 어떤 집이 좋으냐고 반문하시기도 하였다. 그리고 집을 보러 다니면서 주변에서 얘기 들은 팁이 있어 물이 잘 나오는지 수도를 꼭 틀어보라고 하였다. 보일러가 잘되는지도 확인했다. 빈 집보다는 사람이 사는 집을 구하라고 들었다.

보증금을 더 올리고 싶은데 주변에서 도와줄 사람이 없었다. 시댁에서 아버님이 도와줄 형편이 아니고 친정에서 오빠들, 부모님께 도움을 요청할 데가 없었다. 그동안 살면서 재테크도 하면서 살았다. 어려서부터 엄마 하는 것을 보고 저축을 먼저 하고 살았다. 신혼 초에는 남편 월급이 적었다. 그래도 월급이 통장으로 들어오면 일단 적금 먼저 넣고 생활비로 썼다. 그렇게 모은 돈으로 2000년도에 26평 아파트 분양을 받았다. 하지만 남편이 가정을 소홀히 하고 부부 사이가 나빠지면서 아파트를 팔아버렸다. 그리고 아들 초등학교 친구 엄마를 알게 되어 친하게 지내면서 돈을 빌려 달라고 하였다. 나는 거절을 못 하고 그때 당시 돈으로 천만 원 좀 넘게 빌려준 것 같다. 그리고 조금씩 조금씩 여러 차례 돈을 빌려주었다. 빌려가면서 돌려준다고는 했지만 여태까지 받지를 못했다. 그러고는 아들 친구 엄마는 몇 년 뒤 다른 동네로 이사를 갔다.

이래저래 부부 사이가 좋아지지 않으니 재산이 모이지도 않았다. 아이들은 커가고 교육비로 지출이 많아지고 생활하기 빠듯했다. 그렇게 집을 알아보던 중 법원에서는 우편물이 자꾸왔다. 우리 건물 낙찰받은 사람이 법원에 의뢰한 것 같았다. 집을 빨리 비워달라는 우편물이다.

나는 갈등이 심했다. 돈에 맞추려니 집은 다 마음에 들지 않고 어떻게 해야 할지 몰랐다. 그렇게 또 집을 알아보던 중 한의원 직장 샘으로부터 전화가 왔다. 정릉2동 쪽으로 집이 나왔다고 가보라고 하였다. 두 군데가 나왔는데 집이 다 마음에 들었다. 그중 한 군데 집주인이 내가 인상이 좋다면서 계약을 하자고 하였다. 그런데 그 집은 등기부등본을 떼보니 법원에서 걸린 게 있었다. 그곳이 재개발지역으로 지정되어 있었다. 그 집은 포기하고 다른 집을 계약했다. 집 조건도 우리가 찾던 조건이고 2천만 원 보증금에 월세 50만 원으로 계약을 하였다. 집주인분들은 인상이 좋아 보였다. 그렇게 찾아다녀도 집이 마음에 들지 않았는데 계약이 되려니 금방 집을 구한 것 같았다. 월세라 집주인이 도배와 장판은 다 해주었다. 그래도 청소할 곳은 많았다. 욕실과 부엌 싱크대 창틈 등, 이사하기 전 나는 또 시간을 내서 청소를 해야 했다.

2011년 7월초 그 더운 여름에 이사를 하였다. 이사하던 날 건물 낙찰받은 사람이 서류를 가지고 왔다. 우리가 이사하는지 확인차 오고 확인서를 받아가야 했나 보다. 나는 그 사람이 반갑지가 않았다. 그래도 마음을 좀 써주는 것같이 오늘 비가 오니 이사 날짜를 며칠 연기해준다고 하였다. 하지만 나는 그 배려해주는 마음이 달갑지가 않았다. 나는 어차피 비가 오든 빨리 이사하고 싶었다. 이사하던 날 하늘도 내 마음을 아시는지 비가 억수같이 쏟아졌다.

아침부터 오더니 이삿짐 내릴 때까지 비는 계속 퍼부었다. 연락도 안되고 신경도 안 쓰는 것 같았던 남편이 이사하는 날 말해줬더니 이삿날 왔었다. 남편은 이삿짐을 크레인으로 내릴 때 짐이 비 맞을까 봐 짐 위에다 박스 같은 걸로 얹어주는 작업을 하였다. 그래도 남편은 사는 동안 성실하였다. 집으로 들어오지 않는 것 외에는 크게 속을 썩이는 것은 없었다. 오전 내내 짐을 차에 실으니 그제야 비가 그쳤다. 이사하는 집은 옆 동네로 멀지는 않았다. 이사하는 집에 도착하니 날씨는 언제 그랬냐는 듯이 맑은 하늘이 보였다. 집주인 아주머니가 와 계셨다. 비가 억수같이 내린 걸 아시고는 좋은 말씀을 해주셨다.

"비가 오는 날 이사하면 잘산대요."

나는 이렇게 대답했다.

"네, 우리 더 잘살 거예요"
"부자 될 거예요."

이사하는 날은 어수선하니 바닥에 신문지를 깔고 이삿짐센터 일하신 분들과 남편과 점심을 같이 먹었다. 그런데 남편과는 왜 그렇게 어색하던지 마음은 이것 먹어봐 저것 먹어봐 챙겨주고 싶은데 표현이 안 되었다. 짐 정리가 다 끝나갈 무렵 아들이 학교 끝나고 왔었다.

아들이 하는 말이 "엄마, 나 길음동 집에 갔다 왔어."라고 하는 것이다. 그래서 내가 "왜 길음동으로 갔어! 엄마가 오늘 이사하니까 정릉으로 오라고 했잖아."라고 했다. 아들이 또 하는 말이 "정릉으로 올려다가 길음동 집이 너무 정들어서 다시 가보고 싶어서 갔다 왔어."

"길음동 집에서 17년을 살아서 이사한 게 믿기지 않아." 그 순간 마음이 짠하면서 울컥할 것만 같았다. 애들도 이사를 해보지 않았으니 어색할 것 같았다. 길음동 살면서 애들은 항상 아파트로 이사하고 싶다고 하였다. 길음동이 뉴타운으로 지정되면서 전부 아파트 단지가 되었다.

# 선택의 결과들이 쌓여
# 인생을 만든다

나는 자라오면서 내가 하고 싶고 내가 하고자 하는 것에 내 뜻대로 선택하지는 못했다. 어려서 가난한 살림에 엄마가 정해주는 옷을 입고 옷 종류도 거의 얻어다 입었다. 어떤 것을 선택할 여유가 없었다. 그냥 어른들 말에 순종하며 살아왔다. 초등학교는 아버지의 뜻에 따라 한해 늦게 입학하게 되었다. 그것도 아버지가 하라고 하시니까 어쩔 수 없이 순종했다.

초등학교 2학년 때 일이 생각난다. 시골에는 여름 한참 보리를 베고 보리타작을 하고 있었다. 점심 시간이라 잠깐 친구들과 동백나무 타기를 하고 있었다. 동백나무는 미끄럽다. 나무가 그렇게 크지도 않았다. 나무 중간 정도 타다가 미끄러운 바람에 바닥에 떨어져버렸다. 높이가 그렇게 높지는 않아 다른 데 다친 데는 없었다. 그리고 왼쪽 팔이 감각이 없었다. 왼쪽 팔이 부러진 것이다. 엄마는 놀라서 달려오셨다. 그때만 해도 차가 없었다. 볼일이 있으면 배를 타고 시내로 나가야 했다. 그때는 선택할 상황도 없이 병원으로 가야만 했다.

나는 어려서 잘 몰랐지만 한참 바쁠 때 내가 다쳤으니 엄마는 속상하셨을 것 같다. 그리고 시내로 나갈 방법은 배가 있어야 하는데 객선은 시간 맞춰 아침에 한 번 저녁에 한 번밖에 없었다. 어쩔 수 없이 기름배를 타고 엄마와 시내로 향했다. 그리고 팔을 고정할 수 있는 것도 마땅하지 않아 보자기로 싸매고 기름배를 타고 시내로 향했다.

병원에 도착하여 뼈를 고정하는 치료를 하는데 너무 아팠던 기억이 난다. 그리고 팔을 석고로 고정하고 있었다. 그 더운 여름에 석고로 왼쪽 팔을 고정하고 한 달을 지냈다. 여름이라 제대로 씻지도 못하고 왼쪽 팔은 햇빛을 보지 못했다. 그리고 집은 시골이라 병원 나오기가 힘들어서 시내 막내 외삼촌 집에서 지냈다. 그때는 어리고 내성적이라 말도 없지, 외삼촌 집에서 지내기가 힘들었다. 사촌 형제들하고도 쑥스러워 제대로 말도 못 했던 것 같다. 학교도 제대로 못 다녔다.

깁스를 풀던 날 내 왼쪽 팔은 햇빛을 보지 못해 하얀 피부였다. 지금 내 왼쪽 팔은 곰배팔이다. 차렷 자세를 하면 왼쪽 팔이 많이 굽어 있다. 그래서 나는 여름에는 왼쪽 팔은 잘 펴지 않는다. 지금은 의료 기술이 많이 발달하였지만 그때만 해도 의료 기술이 없어 제대로 팔이 치료되지를 못했던 것 같다.

초등학교를 졸업하고 중학교는 자연히 면 단위 중학교에 가게 되었다. 중학교 시절에도 나는 성격이 좋거나 해서 튀는 학생은 아니었다. 내가 좋아하는 남학생이 있어도 말도 못 해보고 짝사랑만 했었다. 공부를 남들보다 좀 잘했고 그저 집하고 학교만 왔다 갔다 했다. 그리고 중학교 1학년 영어 선생님은 지금 생각하면 이상한 분이 영어 선생님을 했다는 생각이 든다. 외국에서 좀 사시다가 오셨다고 하는데, 발음은 좋았지만 문법 공부는 해주지 않으셨다. 수업 시간에도 먹을 것을 입에다 오물오물하면서 수업을 하고 이쁜 여학생이 있으면 가서 찝쩍대기도 했다.

지금은 이런 일을 가만 놔두지도 않지만, 그때는 시골 학교이고 선생님이니까 어쩔 수 없이 지냈다. 2학년이 되니 제대로 된 영어 선생님을 만나 영어 공부가 재미있었다. 이영주 영어 선생님은 문법 위주로 많이 가르쳐주셨다. 수업 시간에도 열심히 가르쳐주셔서 영어 성적이 90점 이상 나올 때도 있었다. 하지만 아쉽게도 이영주 영어 선생님은 3학년 1학기까지 하시고 다른 데로 전근을 하셨다. 아마도 교장 선생님과 사이가 안 좋았던 걸로 알고 있다. 이영주 선생님이 가시니 너무 아쉬웠다. 서운했다. 그 후에도 다른 영어 선생님이 오셨지만, 실력은 별로 없으셨다.

고등학교 진로 문제를 놓고 엄마와 다툼이 좀 있었다. 나는 여고를 간다 하고 엄마는 여상을 가라고 하셨다. 할 수 없이 나는 집안 형편을 생각해서 여상으로 진로를 결정했다. 이때 엄마 말을 잘 들었던 것은 후회는 없다. 지금은 거의 대학교에 다 가지만 그때 우리는 상고를 택해서 취업을 잘한 것이 성공이었다.

여상을 졸업하고 은행 취업도 내가 생각하던 것보다 좋은 곳에 취업이 되었다. 그리고 신입 행원 연수가 있어 마산 경남은행 연수원에서 연수를 받게 되었다. 10일 정도 받는 연수였다. 연수 받는 동안 규칙적인 생활을 하게 되었다. 군대에서 받는다는 극기 훈련과 장거리 걷는 훈련도 하였다. 지금 생각하려니 기억이 가물가물하다. 나는 연수받는 동안 10일 정도 집과 떨어져서 생활하게 되었다. 살면서 그때처럼 집을 떠나본 적이 없었다. 연수가 끝나고 통영으로 와서 둘째 오빠가 일하는 가게로 갔다. 오빠를 보자마자 나는 눈물이 왈칵 쏟아졌다. 오빠를 보자마자 왜 눈물이 쏟아졌는지 알 수가 없다.

나는 은행을 2년 정도 다니다 남편을 알게 되고 연애를 하게 되었고 결혼까지 하게 되었다. 나는 남편이 최고의 신랑감 같아서 선택하였고 그 먼 통영에서 서울까지 오게 되었다. 부모님은 결혼을 반대하셨지만 내 뜻대로 결혼하였다. 결혼 생활도 어려움 없이 아들 딸을 낳게 되었고 7년까지는 그럭저럭 살게 되었다. 지금 생각하면 결혼할 때와 신혼 초기가 제일 행복했던 거 같다. 그러나 그때는 행복인지도 모르고 살았다. 작은 것에 감사할 줄도 몰랐다. 나는 그렇게 사는 것이 당연한 줄 알았다. 결혼하고 7년까지는 큰 어려움 없이 살아왔다. 하지만 나에게 고난이 없었던 것이 마음을 나태하게 만들었던 것 같다. 결혼하고 나서 자녀들이 생기고 아이들도 쉽게 낳고, 남편이 해주는 것도 감사하다기보다 당연한 것으로 생각했다. 집에서 살림하고 애들 키우다 보니 뭔가 꿈도 없고 목표도 없이 살았다. 결혼 생활이 고무줄 늘어지듯이 느슨해지고 있었다.

그리고 어느 날부터 남편이 집으로 들어오지 않게 되고 단란했던 우리 가정에 어둠이 들어오기 시작했다. 내가 알았을 때는 이미 늦었을까 아무리 남편한테 잔소리하고 야단쳐도 소용이 없었다. 나가면 집으로 들어오지 않았다. 나는 남편한테 기대고 살다가 갑자기 남편이 달라지니 정신을 차릴 수가 없었다. 애들은 어리고 돌봐줘야 하고 버리고 나갈 수도 없었다. 시간이 가도 남편과의 갈등은 쉽게 해결되지 않았다. 어떤 분은 이혼하라고 하였다. 하지만 나는 쉽게 결정을 할 수가 없었다. 나중에는 될 대로 되라는 식으로 살아왔다. 남편 없이 아이들을 키운다는 것은 쉽지만은 않았다. 하지만 다행히도 우리 아이들은 큰 말썽 피우지 않고 착하게 커준 것 같다. 우리 아이들에게 늘 고맙고 감사하다.

그리고 길음동 집 문제가 엄청난 파도처럼 몰려왔다. 집이 문제가 많긴 하였다. 시댁에서 얻어준 전셋집이 토지와 건물이 분리된 문제가 많은 집이었다. 문제가 많으니 이사를 할 수도 없고 17년을 한 집에서 살았다. 그리고 집을 우리 소유로 만들려고 경매 진행을 했다가 낙찰을 못 받고 다른 사람이 사는 바람에 법원에서 낙찰을 못 받고 터벅터벅 걸어 나오던 생각이 난다. 그리고 월셋집으로 이사를 하고 점점 생활은 힘들어지기만 했다. 거기다 친구 언니의 말을 듣고 다단계 투자했다가 더 빚을 안게 되었다. 남편은 5년 전까지는 생활비를 보내주었지만 지금은 아예 생활비를 안 보낸다.

하나님을 믿지만 좀처럼 생활은 나아지지 않았다. 아들 딸도 아직 직장은 못 구했고 아르바이트를 하고 있지만, 생활비는 좀처럼 보태지 않는다. 혼자 빚을 갚으면서 생활하려니 돈에 시달리게 되었다. 작년부터는 어떤 돌파구가 필요했다. 힘들었다. 작년 11월 하나님께 기도하고 있었다.

'하나님 저 힘들어요, 저 어떻게 살아야 해요.'

한참 기도한 후 핸드폰을 보게 되었다. 그런데 놀랍게도 예수님의 인자하신 얼굴이 화면 가득히 보였다. 나는 너무 놀라웠다. 예수님의 얼굴이 보이다니, 그 순간 '아 하나님이 살아계시는구나.' '하나님은 내 기도를 다 듣고 계신다.' 하고 생각되었다. 그리고 마음에 평안이 왔다. 나는 마음이 불안하거나 힘들 때 기도를 한다.

그리고 말씀을 읽는다. "아무것도 염려하지 말고 오직 모든 일에 기도와 간구로 너희 구할 것을 감사함으로 하나님께 아뢰라. 그리하면 모든 지각에 뛰어난 하나님의 평강이 그리스도 예수 안에서 너희 마음과 생각을 지키시리라."(빌립보서 4장 6~7절)

그러다 올해 2월 말쯤 우연히 유튜브를 보다가 〈김도사TV〉를 보게 되었다. '100% 이루어지는 기도 방법'이라는 제목의 영상이었다. 도사님은 내가 현재 이루어졌다는 느낌으로 기도하라고 하셨다. 그날 이후 나는 〈김도사TV〉의 팬이 되었다. 매일 김도사님 유튜브 채널만 봤다. 솔직하고 담백하게 말씀하시는 것이 믿음이 왔다. 그리고 무엇보다 꿈을 가지게 되었다는 것. 김도사님을 만나기 전까지는 꿈도 희망도 없이 살아왔다. 기도하고 말씀을 읽었지만 잠시 마음이 편안해진다는 것일 뿐 삶이 나아지지는 않았다.

도사님은 항상 의식을 강조하신다. 의식에서 뭐든지 이루어지지 않으면 현실 세계에서 나타나지 않는다고 하신다. 가난한 사람들은 부자의 생각을 가져야 하고 몸이 아픈 사람들은 현재 건강한 상태를 구해야 한다고 하신다. 그리고 김도사님은 책 쓰기를 지도하신다. 나는 어떤 이끌림에 책 쓰기 일일 특강에 참석하게 되었고 책 쓰기 수업을 신청하였다. 나는 성공하고 싶었다. 지금의 가난이 싫었다. 성공해서 경제적 자유인이 되고 싶었다. 앞으로 5년 후면 내 삶은 많이 바뀌게 될 것이다.

## 07

# 선택이 곧 자기 자신이다

91년 3월 초인 것 같다. 3살 된 조카 아름이를 데리고 바람도 쐬어줄 겸 동네 바닷가로 내려갔었다. 그 당시에는 첫째 오빠가 결혼하고 같이 살았다. 아랫방이 오빠의 신혼집이 된 것이다. 오빠는 아버지가 하던 일을 따라 원양어선을 탔다. 언니는 혼자 시골집에서 조카를 키우면서 시부모님과 살게 된 것이다. 올케언니도 생각해보면 남편도 없이 시골에서 사느라 마음고생을 한 것 같다. 오빠는 몇 년에 한 번씩 집으로 오니 얼마나 답답했을까?

나는 은행에 3년 차 다니고 있었다. 조카 손을 잡고 걷고 있었는데 저기 앞쪽에서 동네 남자친구가 웬 군인 아저씨와 같이 걸어 오는 것이었다. 나는 동네 그 남자친구와 아는 체를 하고 군인 아저씨와도 눈이 마주쳤다. 그 군인 아저씨는 눈이 크고 남자가 이쁘장하게 생겼다는 첫 느낌을 받았다. 그러더니 그 군인 아저씨는 쑥스러운지 뒤돌아서 가버리고 동네 남자친구와 얘기를 좀 하다가 헤어지고 조카와 집으로 왔다. 내가 그때 20대 초반이었으니 한참 남자친구들은 군대 갈 때였다. 내가 살던 동네는 군부대 초소가 있었다. 초소에는 외지에서 근무하러 온 군인들이 많았다. 서울에서 오고 충청도 강원도에서도 왔다. 그리고 남쪽 지방에 있는 청년들은 북쪽 최전선으로 가는 경우가 많았다. 둘째 오빠는 백령도에서 해병으로 근무했고 막내오빠는 강원도 인제에서 근무했다.

나는 매일 집에서 충무(지금은 통영시로 바뀌었음)로 출퇴근을 했다. 그런데 시골이라 차가 자주 없었다. 아침 7시 차 아니면 8시 차가 있었다. 7시 차를 타면 너무 일찍 충무에 도착하고 8시 차를 타면 출근이 너무 늦어지고 했다. 7시 차를 타고 가는 날은 충무 서호동에 내려서 할머니가 하시는 맛있는 국숫집에서 국수를 먹든지 아니면 팥칼국수를 먹고 걸어서 은행까지 갔었다.

나는 팥칼국수를 좋아했다. 할머니는 면을 직접 뽑아서 하시는지 면이 쫀득하고 맛있었다. 어떤 날은 둘째 오빠가 일하고 있는 금방에 가서 쉬다가 갔었다. 둘째 오빠는 사촌오빠가 운영하는 금방에서 가게도 보고 보석을 세공하고 했었다. 오빠가 있는 가게는 금방이라 가게서 잠을 자곤 했다. 지금은 모두 세콤을 하고 있지만 그때는 오빠가 매일 숙직하는 것이었다. 그러면 오빠는 한참 자고 있는데 내가 너무 일찍 가는 것 같아서 미안하기도 했다. 그렇게 나는 차 시간 때문에 아침 출근하는 게 고민이었다.

그렇게 동네에서 친구와 군인 아저씨를 만나고 며칠 뒤 근무하고 있는데 나를 찾는 전화가 왔다. 목소리가 좋고 서울 말씨를 쓰는 웬 남자 전화였다. 통화를 하다 보니 며칠 전 동네에서 본 군인 아저씨였다. 그래서 전화번호는 어떻게 아셨냐고 하니까 동네 남자친구가 알려주었다고 했다. 군인 아저씨는 목소리도 좋고 상냥하였다. 전화를 끊고 생각하니 기분이 나쁜 건 아니었다. 그리고 은행으로 매일 전화가 왔다. 어떤 날은 전화해서 경남은행에서 젤 예쁜 여직원 바꿔 달라고도 한 것 같았다. 그리고는 나는 매일 설레는 마음이 들었다. 그러면서 편지도 오기 시작했다. 군인 아저씨는 군인 신분이라 마음대로 바깥으로 나올 수가 없었다.

그리고 좀 알아갈 때쯤 우리 집은 밭농사 고구마를 한참 캘 때였다. 고구마를 캐서 기계에다 넣으면 얇게 썰려서 나온다. 그걸 말리면 빼떼기가 된다. 사귀던 군인 아저씨는 초소 부대 군인들을 총동원해서 우리 집 고구마 캐는 작업을 도와주었다. 그래서 일이 빨리 끝나기도 했다. 그리고 그날 군인들 점심을 우리가 마련했던 기억이 난다. 그때 도와주었던 게 참 고마웠다.

우리는 자주 만나지는 못하고 주로 통화를 하고 은행으로 오든지 집으로 전화가 왔었다. 집으로 전화 올 때는 아랫방에 있던 언니가 받아서 나를 바꿔주곤 하였다. 큰방에는 엄마, 아버지가 계셔서 통화하기 불편했기 때문에 주로 아랫방 가서 통화했다. 언니 방에서 나는 눈치도 없이 통화를 한참 하고 내 방으로 오곤 하였다. 군인 아저씨는 밤 근무하면서 통화하니 좋았을 것이다. 군인 아저씨는 통영 시내에 볼 일이 있으면 나와서 같이 점심을 먹곤 하였다. 초소에서 시내 나올 건수만 있으면 나와서 나를 만나고 들어갔었다. 시내 나오는 목적은 나를 만나기 위해서였다. 그때 내가 돈까스를 좋아해서 은행 옆에 있는 데파트에서 돈까스를 같이 먹곤 하였다. 그때 돈까스는 참 맛있었다. 점심값 계산은 내가 했다. 군인 아저씨는 돈이 없기 때문에.

같이 영화를 보기도 했다. 군인 아저씨는 키가 크지도 않으면서 말라서 내 눈에는 멋있게 보였다. 그리고 서울 사람이라 싹싹하고 말도 잘하고 친절하게 대해주는 것에 마음이 쏠렸다. 무뚝뚝하고 말도 없고 표현을 잘하지 않는 경남 지역 남자들하고 비교가 되었다. 하지만 좀 고지식했던 나는 은행 유니폼을 입고 군인 아저씨와 나란히 걸을 때는 다른 사람 눈치가 보였다. 그때 나는 부모님 밑에서 그렇게 큰 고생하지 않고 무난하게 성인이 되었지만 어떤 외로움을 느꼈다. 성인이 될 때까지 이성 친구를 실질적으로 사귀어보지 못했었다. 중학교 때는 남녀공학이라 혼자만 짝사랑했던 남자친구가 있었고 고등학교 때는 후회될까 봐 상고 남학생들하고 미팅을 한 번 했었다. 나는 소심하고 내성적이라 상대방이 적극적으로 나와야지 마음의 문을 여는 스타일이었다.

그렇게 은행으로 이틀에 한 번꼴로 편지가 왔었다. 편지에는 그때 당시 군인 아저씨의 괴로운 마음도 있었고 진솔한 자신의 마음을 표현을 많이 했었다. 겉봉투에는 항상 보내는 사람이 "하얀등대부대"라고 씌어 있었다. 나는 그 편지에 더 감동되었던 것 같다. 나를 이렇게 알아주고 존중해주고 사랑해주는 사람이 여태까지 없었다. 나를 너무 좋아하는 것 같았다.

어떤 날은 은행으로 전화가 와서는 어디 다른 데 가지 말고 집으로 바로 가라고 하였다. 걱정해주는 그 마음이 귀엽기도 하고 사랑스러웠다. 그렇게 사랑이 익어갈 무렵 군인 아저씨는 어떤 고백을 하였다. 서울에 고등학교 때부터 사귀던 여자친구가 있다고 하였다. 나는 여자친구 있으면서 왜 나한테 이러냐고 여자친구한테 가라고 하였다. 하지만 군인 아저씨는 상대방 여자친구가 일방적으로 자기를 좋아하는 거지 군인 아저씨는 별로 좋아하지 않는다고 하였다.

하지만 나는 다른 사람 마음 아프게 하고 싶지 않아서 서울로 가라고 하였다. 내가 그런 말을 한 날 후에는 편지에 제발 내 마음 아프게 좀 하지 말라고 하면서 자기의 마음을 좀 알아달라고 하였다.

그러던 어느 날 은행 창구에 낯선 군인 아저씨가 나를 찾아왔었다. 잠깐만 시간 좀 내달라고 간청을 하였다. 내가 사귀고 있던 군인 아저씨의 부대 상사였다. 은행 옆 찻집에서 얘기하는데 내가 사귀고 있던 군인 아저씨가 요즘 많이 이상하다고 하였다. 자꾸 바닷가를 보면서 죽고 싶어 한다는 것이었다. 그래서 나보고 좀 군인 아저씨를 위로해달라는 말이었다. 그래서 나 때문에 한 사람 목숨이 위태로울 수도 있구나 싶어 다시는 헤어지자는 말을 안 했다. 내가 사귀던 군인 아저씨는 나이는 어리지만 생각하는 것이 어른 같았다.

나는 온실에서 커서 잘 모르고 군인 아저씨는 사람 마음을 다룰 줄 알았다. 나는 더욱 그 사람의 인간적인 매력에 빠져들었다. 기타를 잘 치는 건 아니지만 기본적인 기타 리듬에 맞춰서 노래한 녹음테이프를 주곤 하였다. 노래를 잘하는 편이었다. 손수 그림 그린 거와 편지 쓴 형식으로 만든 앨범을 주기도 했다. 12월 크리스마스 날에는 자기 사진을 넣고 자신이 직접 만든 크리스마스카드를 보내기도 했다. 참 멋있어 보였다. 또 어느 날은 작은 상자 하나를 주는 것이었다. 열어보니 금반지가 있었다.

뭐냐고 하니까 청혼하는 반지라고 했다. 그 반지는 그때 내 생각에는 부담이 좀 왔었다. 나는 아직 결혼 생각까지는 안 했기 때문에 그 반지가 기쁘지는 않았다.

지금의 남편이 된 그 군인 아저씨와 거의 3년 정도 사귀었나 보다. 군대 생활을 1년 반 정도, 제대하고 사회 생활하면서 1년 반 정도 사귀었다. 그리고 또 한 번 헤어질 뻔한 위기가 있었다. 사귀고 2년 정도 지났을 때 어느 날 그 사람이 연락이 안 되는 것이었다. 며칠이 지나고 한 달이 지나도 소식이 없었다. 그때 내 마음은 정신이 몽롱하고 허전하고 어떻게 할지를 몰랐다. 직장 일이 손에 잡히질 않았다. 한쪽 팔이 잘린 느낌이었다. 그 사람의 존재는 나에게 크게 느껴졌다. 마음이 너무 아팠다. 무얼 해도 눈물이 나고 초소 부대만 바라보면 눈물이 글썽였다. 한동안 멍했었다. 그러던 어느 날 그 사람이 집으로 왔었다. 아마 나와 헤어질 생각을 했었나 보다. 자기도 고민이 됐는지 친구한테 상담을 해봤다고 한다. 상담했던 친구가 나한테 가라고 했다고 한다. 그때 둘이서 한참 부둥켜안고 울었었다. 나보고 마음 아프게 해서 미안하다고 하였다

그리고 남편은 제대하고 대전에서 일하고 있고 나는 통영에서 은행 근무하고 있으면서 주말마다 만났다. 내가 대전으로 가든지, 남편이 통영으로 오든지 하였다. 남편은 대전에 있으면서도 편지가 오고 하였다. 지

금 생각하면 연애할 때 여행을 같이 못 다녀본 게 후회된다. 멀리 떨어져 있기도 했고 내가 직장 다니느라 시간이 안 나기도 했다.

그렇게 우리는 1994년 5월 7일 결혼을 하였다.

## 2장

# 사람들이 선택을
# 잘 못하는 이유

# 01

# 사람들이 선택을 잘 못하는 이유

아들이 초등학교 1학년 올라가고 남편이 계속 집으로 들어오지 않을 때 아들 친구 엄마를 알게 되었다. 우리 살던 빌라 앞 동에 사는 아줌마였다. 나는 그때 남편과 사이가 나빠지면서 힘들고 괴롭고 마음을 기댈 데가 없었다.

결혼 초 같이 친하게 지내던 동네 아기 엄마들은 하나둘 이사를 하고 그렇게 친하게 지내는 말동무 아줌마들은 없었다. 그나마 잘 지내던 앞 동 사는 거제 언니와는 돈 문제로 사이가 좀 안 좋았었다. 내가 카드로 현금서비스 받아서 빌려주고 그때 당시 50만 원 정도였다. 우리 남편이 알게 되면서 싫어하는 것을 알고 그 거제 언니도 기분 나빠하였다. 나는 그때 당시 돈을 빌려간 사람이 오히려 화를 내는 것이 이상했다. 나는 살면서 남한테 돈을 빌리고 한 일이 없어서 돈을 빌리는 심정을 헤아리지 못했다. 그래서 거제 언니와도 사이가 멀어지고 있었다.

아들 친구 엄마는 내 사정을 알고는 나한테 잘해주었다. 말을 잘하고 싹싹하니 친절했다. 나는 남편과도 싸우고 집에 잘 들어오지 않는 남편 때문에 힘들고 마음 붙일 데가 없었다. 그래서 아들 친구 엄마와 가까워지게 되었다. 아들 친구 엄마는 남편과 이혼하고 애들 데리고 혼자 살았다. 사람마다 모두 이혼하는 사유가 있겠지만 아들 친구 엄마는 남편이 도박으로 빚을 많이 졌는데 도박을 끊지 못했다고 한다. 그렇게 속내를 다 알게 되면서 나한테 잘해주고 하니 나는 그 아줌마한테 기대게 된 것 같다.

그 아줌마는 먹고살아야 한다면서 재봉 일을 하기 시작했다. 아줌마 친언니가 제품 사업을 하는 사장이었다. 그 언니한테서 물건을 가져다 옷을 만들어 대가를 받는 것이다. 나보고 조수 일을 해보라고 했다. 나는 그때 조수가 무슨 일을 하는지도 몰랐고 옷은 공장에서 만들어져 나오는 줄 알았다. 내가 살던 통영에는 옷 만드는 곳이 없었기 때문이다. 결혼하고 나서 애들 키우고 하느라 집에만 있어서 특별히 기술도 없고 해서 조수 일을 해보았다. 조수는 재봉 일을 보조하는 작업으로 할 일이 많았다. 그리고 완전 육체노동이었다. 하지만 나는 한 가지를 하면 끈기가 있게 하는 편이라 힘들지만 열심히 했다. 짭짤하게 생활비 정도는 벌 수 있었다.

　그 아줌마는 제품 일을 그만두고 곱창 가게를 해본다고 알아보고 다녔다. 그러던 어느 날 그 아줌마는 나에게 돈을 빌려달라고 부탁하였다. 곱창 가게를 해서 꼭 돈을 갚겠다고 하였다. 말은 잘하였다. 가게를 어떻게 운영할 건지 등 계획들을 나한테 얘기를 다 해주었다. 그때 나는 돈을 빌려줘야 할지 누구한테 물어볼 데도 없고 조언을 구할 데도 없었다. 결국 나는 빌려주게 되었다. 천만 원 정도 빌려주었다. 나는 주부이면서 남편이 벌어다 주는 돈을 저축해서 은행에 저축해놓은 돈이 좀 있었다. 은행 가서 돈을 찾는 데도 수표로 달라는 등 자기 돈인 것처럼 하는 것이었다. 그 뒤로도 5만 원, 10만 원 자주 돈을 빌려달라고 하여 빌려주었다.

　곱창 가게를 가보기도 했다. 그렇게 한두 달 정도 가게를 하는 것 같이 하더니 가게를 그만둔다고 하였다. 가게를 그만두자 나는 빌려준 돈을 달라고 하였다. 그러면 이 핑계 저 핑계, 핑계를 대는 것이다. 말을 잘하였다. 내가 전화하면 자기가 먼저 선수 치면서 돈 얘기할까 봐 말을 막 돌려댔다. 나는 말로 이겨낼 수가 없었다. 돈 관계가 얽히게 되었지만,

그 아줌마는 나에게 잘해주었다. 자기는 돈 떼먹고 도망가는 사람이 아니라고 믿음을 주는 것처럼. 그리고 3년 뒤 다른 동네로 이사를 했다.

이사한 집을 가보기도 했다. 아현동에 꼭대기 층 집이었다. 계단을 올라가고 또 다른 철재 계단을 올라가야 집이었다. 차라리 길음동 집이 더 낫다고 생각했다. 그 아줌마 인생도 참 불쌍한 생각이 들었다. 가난하였다. 나는 거절을 못 하고 빌려주고 내 돈을 달라고 말도 못 하고 아직도 받지 못하고 있다.

이처럼 나는 사람들이 부탁하면 거절을 못 하는 성격이었다. 내가 거절하면 이 사람과 사이가 나빠지면 어떡하나 하는 두려운 생각이 들었다. 다른 사람의 말을 거절하지 못해 불편한 상황을 만들어버리거나, 지나치게 믿어 손해를 보거나 배신을 당하고 나서 후회하기도 했다.

15년 11월쯤 1년 전부터 친한 친구 언니를 알게 되었다. 친구 언니는 말을 잘하였다. 그 언니는 다단계를 하고 있었다. 처음에는 자기가 하는 일을 말하지 않았다. 한두 번 만남이 잦아지고 친숙해지자 자기가 하는 일에 관해 얘기하기 시작했다. 지금 한참 성장하는 회사인데 투자설명회를 한번 들어보라고 하였다. 그 언니는 집이 서울이 아닌데도 설명회에 같이 가기 위해서 동행해주었다. 서울 관악구 봉천동에 있었다. 장소는 그렇게 넓지는 않았는데 사람들이 많이 와서 앉을 데가 없을 정도였다. 회사 대표는 양복 차림으로 회사 설립 배경 등 비전을 설명하는데 말을 잘 하였다. 회사 설립 초기에는 택시 운전해서 모은 돈 100만 원으로 시작하였다고 했다. 그리고 방송에 소개된 영상을 보여주기도 했다. 설명회를 들어보니 믿음이 왔다. 그리고 매주 설명회를 들으려고 갔다.

그 당시는 나는 직장이 일주일에 하루 평일에 쉴 수가 있었다. 나는 회사를 완전히 믿지는 않고 일단 소액으로 투자한다 생각하고 백만 원어치 물건을 샀다. 계약서를 작성하고 며칠 뒤 물건이 집으로 왔다. 건강 보조식품인 듯한 산삼, 상황버섯, 흑마늘 등으로 만들었다고 했다. 그리고 한 주일 후부터 통장으로 매주 5만 원 정도 입금이 되었다. 나는 더욱 신뢰가 왔다. 한 달 뒤 그 언니는 나와 다시 동행해주면서 상무 이사라는 분을 소개해주었다. 그분은 자기 밑으로 여러 사람이 있어 직급이 높이 올라간 사람이었다. 얼마나 투자하면 직급이 어떻게 되고 이사라는 분은 설명을 열심히 잘 해주었다. 이사라는 분은 월급을 꽤 많이 받는다고 했다. 하지만 나는 설명을 들어도 반은 머리에 들어오고 반은 그냥 흘린 듯했다. 좀 복잡하기도 했다.

회사는 급속도로 성장해서 사무실을 옮긴다고 했다. 가산디지털단지 좋은 빌딩으로 이사를 하게 되었다. 복층으로 엄청 넓고 깨끗한 회사가 되었다. 나는 더욱 믿음이 왔고 한번 투자해볼 만한 가치가 있다고 생각했다. 그때 내 상황은 정릉에서 이사를 오고 전세자금대출을 해서 이사한 상황이라 투자를 해서 돈을 벌어보고 싶은 마음이 가득했다. 친구 언니와도 상의 끝에 몇천만 원 투자를 하게 되었다. 그것도 대출해서 투자하게 되었다. 나는 여태 살면서 투자하는 것에 대해 잘 모르고, 투자도 해보지 않은 사람이다. 나는 로또복권도 한 번 안 사본 사람이었다. 당첨되지도 안는 복권을 왜 사는지 의문이 들기도 했다. 그런 내가 간이 크게 몇천만 원 투자를 한 것이다. 그러고는 매주 백만 원씩 통장으로 입금이 되었다. 매주 백만 원 한 달 사백만 원이면 꽤 괜찮은 수입이다. 회사 설명회도 꾸준히 다니면서 강의도 듣고 하였다.

그때까지만 해도 나는 수입도 괜찮고 회사는 잘될 거라 믿었다. 회사 설명회 듣는 날은 마음속에 성공으로 가는 확신이 있었다. 설명회 강당도 엄청 넓었다. 사람들이 설명회에 많이 왔었다. 회사는 베트남 등 동남아 지역으로까지 투자하여 규모가 커지고 있었다. 그러나 내 생각에 회사 대표 혼자 너무 바쁘게 다니는 것 같은 생각은 들었다. 두 달 정도 매주 백만 원씩 들어오더니 그다음부터는 오십만 원으로 줄고 아예 돈이 들어오지 않았다. 회사 대표는 평생 연금식으로 받게 된다고 하였다. 그리고 몇 달 뒤 회사는 안 좋은 소식으로 가득했다. 대표가 사기죄로 구속당하였다고 했다. 나도 자세한 내막은 모르지만, 대표는 회사를 살리고 싶어 했다. 그러나 사람들은 뭔가 하나 잘돼가면 질투하는 마음이 있는 것 같다. 주위에서 대표하는 일에 자꾸 방해한 것 같았다. 하나님 말씀에 투기는 하지 말라고 하셨다. 나는 하나님을 믿으면서도 세상일에 혹하고 빠져든 것 같다. 믿음이 약했다.

결혼 초 아들 3살 때쯤 대학생들로 보이는 사람 두 명이 무슨 기관인데 조사할 게 있다면서 방문했었다. 그리고 자녀들 교육에 관한 정보를 이것저것 알려주면서 나중에는 애들 놀이기구를 설명하였다. 놀이하면서 공부할 수 있는 교재라고 하였다. 나는 자녀들 교육에 관한 정보도 알려주고 하여 고마운 마음에 거절은 못 하고 교재를 샀다. 그때 돈으로 꽤 몇십만 원 하였던 것 같다. 저녁에 남편한테 얘기하고는 잔소리를 들었다.

# 02

# 내가 내 인생의 주인이 아니다

요즘 한 달 사이 나는 통영 엄마한테 매일 전화를 한다. 작년 엄마가 아프시면서 1년 정도 김해 둘째 오빠 집에서 지내시다 다시 통영으로 내려가셨다. 요즘은 시대가 부모님이랑 같이 살려고 하지 않는다. 그래도 둘째 오빠 집에서 요양한 것이 다행이다. 올케언니가 고생을 많이 하셨다. 엄마는 얼굴이 뽀얘지고 살이 좀 포동포동해지셨다. 올케언니 덕분이다.

"여보세요, 엄마."

"우야, 미야가?"

(어려서부터 집에서 부르는 이름이 미야다.) 엄마 목소리는 항상 떨리는 목소리다. 엄마는 알츠하이머 치매 진단을 받았다. 최근 것을 기억을 못 하신다. "오늘 센터에서 뭐했어?"라고 물어보면 그냥 뭐 놀고 했다 정도 말씀하신다. 그리고 우리 아이들이 현재 몇 살인지 모르신다. 지금 취준생인데 엄마는 학교 잘 다니냐고 항상 물어보신다. 작년 엄마가 매우 아프셨다. 설날에 통영 내려갔을 때 엄마 얼굴색이 좀 검다고 생각했다.

나는 엄마 얼굴색이 왜 검냐고 물어보기라도 할 걸 물어보지도 않고 올라왔었다. 3월 초에 간호조무사 자격증 시험이 있어서 시험공부를 할 거 준비해 가서 설 연휴 동안 공부만 했었다. 그때까지만 해도 엄마는 별다른 아프다는 말을 안 하셨다. 그래서 엄마가 아프신지 몰랐다. 재작년도 공부하느라 통영을 자주 내려가지 못했었다. 재작년도 1년 과정 자격증 공부하느라 낮에는 한의원 직장에서 일하고 저녁에는 학원에서 공부했다. 그래서 통영을 자주 가보지 못했다. 어떤 날은 전화하면 엄마가 소변에서 피가 나온다고 했다. 나는 엄마가 자궁 쪽이 안 좋은가 생각했다. 그리고 전화하면 이제 괜찮다고 하셨다. 엄마는 아프면서 자식들 걱정할까 봐 괜찮다고 하신 것이다.

작년 3월 초 간호조무사 시험이 끝나고 막내오빠로부터 전화가 왔다. 엄마가 병원에 입원하셨다고 했다. 엄마는 요로결석이 생겼는데 병원에 가보지도 안고 여태까지 참고 살아오신 것이다. 배가 아플 때 병원 가서 약 처방받아 약 복용만 했어도 괜찮았을 텐데 엄마는 미련하게 참고 있었다. 오빠들과 나도 엄마한테 무심했던 것이 미안했다. 17년 7월 아버지가 돌아가시고 엄마 혼자 되시면서 허전함과 고독감도 있었을 것이다. 오빠들과 나는 엄마 혼자 잘 계신다고 생각했다. 전화는 가끔 했다.

엄마, 아버지는 거의 70년을 같이 사셨다. 부부가 오래도록 해로하긴 하셨다. 아버지는 타고난 체질이 잔병치레가 없으시고 마른 몸이지만 건강하셨다. 아파서 거의 병원을 가보지 않으셨다. 30년 전 아버지는 원양어선을 그만두시고 작은 배를 타셨다. 일하시다 발이 기계 속으로 빨려들어가 한쪽 다리를 무릎 밑으로 절단하는 수술을 하셨다. 아버지는 술을 드시고 배에서 일하시다 사고를 당하신 것이다. 그때 가족들도 놀라고 나도 놀랐다. 아버지가 입원해 있던 입원실을 들어서는데 나의 한쪽 분신이 없어진 것같이 마음이 아팠다. 하지만 아버지 앞에서는 표현을 하지 않았다. 아버지는 그때 병원에 오래도록 입원해계시고 돌아가실 때까지 병원에 계신 적이 없으셨다. 엄마도 항상 소화가 잘 안 된다고 소화제를 잘 드시고 큰 질병은 없었던 터라 올해 87세이신데 장수하시는 것 같다.

직장을 다녀야 하고 주말을 이용해서 통영으로 내려갔다. 병원에는 둘째 오빠와 올케언니도 와계셨다. 둘째 오빠는 첫째 오빠가 돌아가시면서 장남 노릇을 하면서 사신다. 형이 일찍 돌아가시니 둘째 오빠는 형의 자리도 책임지려고 하는 마음으로 사셨다. 하지만 물질적인 것은 마음대로 되지 않았다. 엄마는 주삿바늘을 꽂고 누워계셨다. 소변 주머니에는 붉은 피 같은 것이 가득했다. 엄마는 계속 눈물을 흘리셨다. 나를 보자마자 "미야 왔나" 하시면서 또 서럽게 우셨다.

엄마가 안쓰럽고 불쌍해 보였다. 티슈로 엄마 얼굴을 닦아 드리고 팔다리를 주물러 드렸다. 발톱도 잘라 드렸다. 딸 하나인데 멀리 서울에 사니 자주 와보지도 못하고 엄마 건강을 잘 챙겨 드리지 못해 미안했다. 엄마는 항상 내 걱정으로 가득했다. 딸 하나인데 남편도 없이 혼자 애들하고 살고 있으니 내 걱정만 하셨다. 나는 항상 엄마, 아버지께 불효하는 마음이었다. 엄마, 아버지 마음을 아프게 했으니 불효자이다. 내가 결혼 전까지는 친정 집안에 자랑거리 딸이었지만 결혼 후 남편과 사이가 멀어지고 집 문제로 가난해지면서 힘들어졌다. 엄마, 아버지는 그런 나를 안타까워하셨다.

엄마는 통영에서 치료할 수가 없다고 해서 부산으로 병원을 옮겼다. 막내오빠가 엄마를 부산병원으로 옮기면서 신경을 많이 쓰셨다. 막내오빠는 꼼꼼한 성격으로 결석 치료를 잘하는 병원을 인터넷으로 다 알아보고 있었다. 무슨 병원이 어떤 기계가 있고 이런 기계가 결석 치료에 좋다는 것을 다 알아보고 있었다. 결국 엄마는 부산 복음병원으로 옮겨 입원하셨다. 연세가 많아서 수술을 해야 할지 말아야 할지 형제간에 고민이었다. 하지만 요즘은 좋은 약이 많아서 약물 치료하니 부산에서 2주일 정도 입원하셨다가 퇴원하셨다. 다행히 엄마는 평생 사시면서 아파서 수술은 한 번도 하신 적이 없으시다. 내가 생각하기에 엄마가 장수하시는 비결이 잠을 잘 주무신다. 바닥에 누웠다 하면 주무신다. 그런 것이 장수하시는 비결인 것 같다. 작년 엄마가 입원하시면서 집안에 아픈 사람이 있으면 얼마나 신경이 많이 쓰이는지 느꼈다.

아버지는 배 사업을 하시다가 돈을 사기를 당하면서 빚을 지게 되셨다. 거의 젊은 시절을 외국에서 배를 타시면서 가족들을 위해 희생하셨다. 아버지 동생도 같이 원양어선 타시다가 물에 빠지는 사고로 돌아가셨다. 그때 아버지 마음은 얼마나 아팠을까? 같이 돈을 벌자고 동생을 외국으로 데리고 가서는 동생이 사고로 돌아가시니 얼마나 죄책감 같은 것이 생겼을까? 아버지 위에 두 형님도 일찍 돌아가시어 아버지 형제 중에 아버지만 장수하시다가 17년도에 돌아가셨다. 아버지는 살아생전 술만 드시면 항상 우셨다. 외국에 계실 때 아버지는 가족들 보고 싶다고 사진을 보내달라고 해서 찍은 사진이 있다. 엄마가 가운데 앉으시고 그 옆에 막내오빠와 내가 앉아 있고 그 뒤로 첫째 오빠와 둘째 오빠가 서 있다. 그 사진을 보면서 추억에 잠기곤 했다. 아버지는 국내에 있는 동안은 항상 다른 사람들 술대접을 잘하셨다. 마음은 좋으셔서 사람들하고 술을 마시면 아버지께서 다 계산하고 항상 남들 대접을 잘하셨다. 엄마는 내 가족 먼저 챙기지 않고 남들한테만 잘한다고 그런 아버지가 불만이셨다. 나는 초등학교 때까지 아버지의 기억은 몇 년마다 국내로 들어오셔서 아버지와의 잔정은 별로 없었다. 내가 어려서는 아버지가 나를 엄청 이뻐하셨지만 커가면서는 그렇게 표현을 하지 않으신 것 같다.

엄마는 생각해보면 결혼하고 젊어서부터 아버지와 떨어져 사신 것이다. 자식들 키우면서 빚을 갚아가면서 혼자 농사지으면서 살아오셨다. 엄마가 억척같이 빚을 갚으면서도 저축을 많이 하는 것을 보면서 자랐다. 그런 엄마의 모습을 보면서 직장 다니는 내내 저축을 먼저 하고 나머지로 내 용돈으로 썼었다. 내가 학교 갔다 오면 엄마는 항상 밭에서 일하다 오셨다. 우리는 논이 없어서 엄마는 품앗이로 다른 사람 논농사를 도와주고 쌀을 얻어오셨다. 여름이면 우리들 간식으로 옥수수 대를 깎아오셨다. 옥수수 대는 껍질을 벗겨서 먹으면 달달하고 맛있다. 여름에 바닷가에서 수영하고 옥수수를 삶아 먹는 것도 맛있는 간식 중의 하나였다. 겨울이면 고구마를 삶으면 물렁물렁한 게 달달하고 맛있다. 겨울에는 엄마는 동네 미역공장에서 일하셨다. 초등학교 때까지 동네에 미역공장이 있어서 일하고 밤에도 일을 하셨다. 그리고 미역 줄기 선별 작업이 있었는데 초등학교 겨울방학에는 엄마를 도와서 미역 줄기 선별 작업을 도와주기도 했다. 2월, 3월 봄이면 들과 밭 논두렁을 돌아다니면서 쑥을 캐서 용돈을 벌기도 했다. 도시 사람들은 쑥을 귀하게 여겼지만, 우리가 살던 시골은 흔한 게 쑥이라서 귀한 줄도 몰랐다. 그렇게 겨울이 좀 지날 무렵 쑥을 캐고 나면 손이 막 트기도 했다. 맨손으로 쑥을 캐니 손이 트는 것이다.

나는 초등학교 갔다 오면 엄마가 일 갔다 오시기 전에 집 청소를 하고 동네 우물가에서 물을 길어다 났다. 그 시절에는 수도 시설이 안 되어 있어 우물가에서 물동이로 물을 길어다 와야 했다. 그리고 부엌에서 불을 때서 밥을 해놓는다. 그러면 동네 아줌마들이 딸이 야무지다고 칭찬을 듣기도 했다. 내가 중학교 다닐 때는 엄마는 옆 동네 굴 공장에서 일하셨다. 삶은 굴을 깔 때도 있고 생굴을 깔 때도 있다. 내가 하는 만큼 돈을 벌기 때문에 아줌마들이 경쟁이 치열했던 것 같다. 통영이 굴이 유명하다. 엄마는 그렇게 농사지으면서 일하시면서 열심히 살아오셨다. 자식들 바라보시며 자신들의 삶은 없으시고 열심히 일하시면서 살아오신 것 같다.

내가 결혼하면서 서울과 통영이 거리가 멀어 자주 가보지를 못했다. 특히 명절에는 차가 엄청나게 막히기 때문에 명절에는 거의 내려가지 못

했다. 결혼 초에는 남편과 아이들과 여름휴가 때 통영 갔다 오기도 했다. 올라오면 엄마는 항상 깨, 참기름을 챙겨주시고 생선, 해산물 같은 것을 냉동실에 얼려놨다 주시곤 하셨다. 밭에서 농사지은 시금치, 파를 가져 올 때도 있다. 그때 엄마가 챙겨주시던 때가 좋았다. 지금 엄마는 알츠하 이머 치매도 있으시고 한쪽 어깨를 거의 못 쓰시고 거동도 잘 하지 못하 신다. 이제는 엄마를 하나하나 챙겨드려야 한다.

# 03

# 그동안 선택을 잘하는 법에 대해 배운 적이 없다

　지금 생각해보면 내 삶이 힘들어진 이유도 선택하는 것에 대한 주위의 충고나 부모 형제로부터 제대로 배운 적이 없었기 때문이다. 이제까지 자라오면서 혼자 판단하고 생각하고 결정을 내린 것 같다. 남편과 연애할 때도 좋다 보니 주변의 충고가 귀에 들어오지 않았다.

　지금 생각하면 제일 후회되는 선택이 결혼 전 은행 직장을 그만둔 것이다. 안정적이고 전망 좋은 직장이었는데 그만둔 것이 후회가 많이 된다. 하지만 그때 상황은 최고의 선택이었다. 아니면 주위의 충고나 조언을 들었으면 직장을 계속 다녔을 수도 있었다. 그때 엄마는 직장을 그만두냐고 말리기도 했다. 아니 엄마는 서울과 거리가 멀다고 남편과 사귀는 것을 반대하셨다. 주위에서도 서울과 거리도 멀고 맞지 않다고 하였다. 하지만 나는 남편이 나의 한 분신처럼 생각되었기에 헤어질 수가 없었다. 그때는 뭐든지 좋다 보니 서울도 가까워 보였다. 그리고 중학교 때 여상을 선택하였고 고등학교 졸업하고 은행 취업하기까지 큰 어려움은 없었다.

은행 그만둘 때 누구 아는 사람이 조언해주었으면 내가 물어보지도 않았지만 진지하게 얘기해줄 수 있는 사람이 없었다. 그리고 남편이 시아버지에게 얘기해서 직장을 서울로 옮길 수 있게 해달라고 부탁하였다고 했다. 하지만 몇 달을 기다려도 감감무소식이었다. 그리고 지방은행이라 서울로 발령나기가 힘들었다. 그리고 남편도 내가 그만둔다고 하니 그렇게 반대하지는 않았다. 그렇게 나는 은행을 그만두게 되었다. 지금 생각하면 남편과 떨어져 나는 통영에서 은행에 다니고 주말부부 생활을 하더라도 은행을 계속 다닐 걸 후회되었다.

남편과 사귄 지 3년째 되던 해 임신이 되었다. 조심한다고 했지만 결혼 전에 임신이 되었다. 당장 결혼할 상황은 안 되고 나는 계속 은행을 다니고 있었다. 임신이 된 줄 알고 남편은 시댁에 얘기하고 결혼 날짜를 잡았다. 남편은 나이도 어리다. 나보다 한 살 적었다. 남편은 군대를 제대하고 대전에서 일하고 있었다. 그리고 얼마 후 국내 대기업 회사에 취업이 되었다. 취업은 되었고 실습 기간이라 창원에 한 달 정도 내려와 있을 때도 있었다. 시댁에서도 결혼할 형편은 아니었다. 하지만 아버님이 남편을 좋아하고 신뢰하는 아들이라 남편이 아버님에게 조르듯이 얘기하여 결혼 승낙을 받았다. 그리고 1994년 5월 7일 우리는 서울에서 결혼식을 하였다.

남편과 연애 시절 한창 좋아질 때 남편은 통영에서 군 복무 중이었다. 휴가라 서울 올라가는데 나보고 같이 가자고 하였다. 나는 은행 근무를 해야 하는데 그때는 토요일도 오전 근무를 했었다. 서울 갔다가 내려오고 하면 시간이 걸릴 것 같아 못 간다는 말은 못 하고 있었다. 그때 남편은 무엇이든 적극적이었다. 은행에 얘기하고 무작정 서울로 가자고 하였다. 나는 거절을 못 하고 남편과 같이 서울로 갔다. 그때 나에게 서울은 중학교 때 수학여행 가보고 처음 가보는 곳이었다. 서울 집은 엄마, 아버지, 할머니, 여동생이 있었다. 그리고 남편이 친구와 통화를 하는 것 같았다. 친구가 만나자고 하는데 남편은 자꾸 이 핑계, 저 핑계 만나는 것을 피하는 것 같았다. 나중에 안 사실이지만 그 친구는 나랑 사귀기 전 여자친구였다.

할머니는 내가 가니까 무척 좋아하셨다. 그때는 할머니셨지만 젊으셨을 때는 이쁜 얼굴 같았다. 할머니는 이것저것 나한테 많이 챙겨주셨다. 그러면서 할머니께서 하시는 말이 남편이 할머니 반지를 가져갔다고 했다. 무슨 말인가 했더니 몇 달 전 남편이 나한테 반지 해준 게 있었다. 청혼 반지라고 하면서 나한테 금반지를 해준 적이 있었다. 할머니 반지를 가공해서 나한테 해준 것이다. 사실 군대 있으면서 돈이 없긴 하다. 내 눈에는 남편 하는 짓이 귀엽긴 했다. 그날 저녁 안방에서는 엄마, 아버지 둘이 엄청나게 싸우는 소리가 들렸다. 두 분은 누가 질세라 말을 엄청나게 잘하시는 것 같았다. 목소리는 커지고 변호사 저리 가라 식으로 싸우시는 것 같았다. 그리고 다음 날 출근해야 하는데 걱정이었다. 무단결근을 하게 된 것이다. 겨우 은행에 전화해서 출근을 못 하게 되었다고 얘기는 했다. 통영으로 내려와서 출근하고 나는 직장 선배로부터 상담을 받았다. 이런 일로 직장을 무단결근을 하느냐고 한 소리 들었다.

요즘은 텔레비전 프로그램에도 고민이나 문제에 대해서 상담해주는 프로그램이 꽤 있다. 용기를 내서 나오는 시청자들이 대단하고 이런 프로그램이 나는 유익하다고 생각한다. 잔뜩 고민을 안고 상담 왔다가 따뜻한 말 한마디에 시청자들의 삶이 달라진다면 더 말할 것도 없는 것 같다. 그러나 우리는 살아오면서 고민이 있거나 의논하고 싶어도 제대로 말도 못 하고 상담을 받아본 적이 없다. 내가 보험을 2년 정도 할 때 일이다. 보험은 회사에서 교육을 많이 받는다. 하지만 교육은 많이 받지만 나같은 경우는 실제 고객을 만나면 계약을 받지 못하는 경우가 많았다.

결혼 후 남편과 사이가 안 좋을 때 은행 아르바이트가 끝나고 아들 친구 엄마가 보험을 해보자고 하였다. 나는 태어나서 영업이라곤 해보지 않았다. 그런데 보험을 내가 할 수 있을까 조심스러웠다. 나는 아들 친구 엄마가 말을 잘하길래 한번 해보자 하고 보험을 하게 되었다. 보험을 하게 되면 영업소 직원들은 잘해준다. 한 사람의 인맥에서 여러 건의 건수를 건질 수 있기 때문에 새로 오는 직원들을 반긴다. 그리고 본사에서 교육을 받았다. 교육을 받을 때는 '아, 나도 열심히 하면 잘할 수 있겠다'라는 마음이 생긴다. 교육받을 동안에는 열정이 넘쳤다. 점심도 얻어먹지, 잘해주셨다.

그러나 나는 결혼하면서 서울로 왔기 때문에 인맥이 많이 없었다. 교육이 끝나고 영업소 팀장이랑 내 주변 지인들에게 보험을 하게 되었다고 연락을 하여 약속을 잡는다. 그렇게 지인들에게 찾아가면 계약이 나오질 않았다. 동행해준 팀장한테 미안했다. 그리고 영업소에서도 열심히 교육받고 DB 자료도 받고 하여 전화도 열심히 했다. 자료를 가지고 전화하고 고객들에게 인사라든지 좋은 글귀도 보내고, 관리를 열심히 하였다. 그리고 일단 사람을 만나야 한다고 하여 약속을 잡고 고객을 만나기도 했다. 어떤 고객은 내가 살림만 하다 나온 사람 같다고 말하는 고객도 있었다. 어떤 고객은 자주 찾아가니 소개를 해주기도 하였다. 그중에 남자 고객이었는데 부인이 돌아가시고 혼자 아이들을 키우고 계셨다. 같이 식사도 하면서 좋으신 분 같았는데 왠지 부담감이 오기는 했다.

　나는 영업이라 어떻게든 계약이 나와야 해서 약속을 잡고 사람들 만나려고 가는 시간은 좋았다. 가는 동안은 어떤 분인지 상상하면서 무슨 말을 해야 할지 생각하면서 고객을 만나려고 갔다. 그리고 동창들에게 가기는 꺼려지는데 나는 중학교 동창 연락처를 알게 되어 찾아가기도 했다. 중학교 때 별로 친하지는 않았지만 내가 자주 찾아가면서 친해지게 되었다. 고객이 있는 곳이면 어디든 찾아갔다. 고객들이 거절하는 거에 대한 화법도 있었다. 화법도 열심히 외우고 하였다. 그러나 막상 고객들을 만나서 얘기하다 보면 고객들 얘기 들어주고 고객들 사정 들어주고 하다 보면 정작 계약은 못 하고 그냥 오는 경우가 많았다.

　영업소에서 잘하고 못하는 직원들의 차이가 크게 나기도 했다. 그중에 잘하는 직원이 있었는데 나와 나이가 같았다. 한 직장에서 오래도록 근무하고 퇴사를 하였다고 했다. 직장 경험이 많아서 그런지 나가면 계약을 하고 왔었다. 내가 생각하기에 특별히 말을 잘한다거나 이쁜 얼굴도 아닌 것 같은데 너무 잘해서 나와 비교되기도 했다. 하지만 보험을 잘하는 것도 있지만 인간미가 느껴지지는 않았다. 나와는 눈 한 번 마주치지도 않았고 아예 만나면 먼저 아는 체를 절대 하지 않았다. 속으로만 그 직원을 욕했다.

얼마 전 약속이 있어 지하철을 타러가다가 화장실을 갔었다. 그날은 내가 핸드폰을 보고 화장지걸이 위에 놓아두었다. 용변을 보고 나와서 좀 걷다가 휴대전화기 생각이 났다. 가방을 아무리 뒤져도 휴대전화기가 안 보였다. 아차 싶어 화장실을 다시 가보았다. 내가 용변을 본 자리로 가서 찾아보니 휴대전화기가 안 보였다. 혹시나 또 그 자리로 가서 찾아보았다. 없었다. '아 어떡해야 하지?' 갑자기 막막해졌다. 비싼 기계는 아니었다. 기계는 없으면 다시 사면 되는데 그 안에 저장된 내용이 아까웠다. 지인들 전화번호, 사진, 메모해둔 것 등. 그리고 요즘은 전화번호를 저장해두고 외우지를 않기 때문에 번호가 머릿속에 없었다. 우리 애들 번호는 다행히 외우고 있었다.

나는 핸드폰을 잃어버려본 적이 없어 어떻게 해야 하는지 생각이 안 났다. 그나마 생각이 떠오르는 것이 애들한테 전화해서 물어봐야지 하고 공중전화를 하려니 동전이 없었다. 편의점으로 가서 동전을 바꾸면서 핸드폰을 잃어버렸는데 어떻게 해야 하는지 물어보니 경찰서에 신고하라는 것이었다. 나는 이런 하찮은 일로 경찰서 가서 신고를 해야 하나 생각했다. 공중전화기로 아들, 딸에게 전화하기 시작했다. 그런데 아무리 전화해도 전화를 안 받았다. 아들, 딸에게 번갈아가면서 몇 번을 해봤다. 안 받았다. 또 친구 번호가 생각나서 친구에게도 전화해봤다. 친구도 전화를 안 받았다. 공중전화는 발신 번호가 국제번호처럼 뜨는 것 같았다. 요즘은 보이스피싱이라 하여 이상한 번호는 안 받는 것이다.

나는 공중전화기 앞에서 몇 분을 보내고 핸드폰을 포기하자 하고 집으로 오는 길에 반짝 생각이 났다. 지하철 안내센터에 신고라도 하고 가자 하고 안내센터로 갔다. "제가 화장실에서 핸드폰을 잃어버렸는데요" 하고 말을 건네자마자 안내센터 직원이 "아, 그래요, 혹시 이 전화기 아니신가요?" 하면서 핸드폰을 내미는데 내 휴대전화기였다. 내가 화장실에서 나오자마자 뒤에 들어간 사람이 핸드폰을 안내센터에 맡겼다고 했다. 그분이 고마웠다. 나는 반갑고 놀라고 기뻤다.

핸드폰을 잃어버려본 적이 없어 한참 헤매다 이렇게 핸드폰을 찾게 되니 너무 기뻤다. 그리고 안내센터 직원이 핸드폰을 찾아간다는 사인하라고 하여 주소, 이름 등을 기록하였다. 나는 평소 내 물건을 잘 잃어버리지 않기 때문에 핸드폰을 잃어버렸을 때는 많이 당황이 되었다. 그리고 핸드폰을 잃어버렸을 때는 본인 휴대전화기에다 전화를 하면 된다고 한다. 나는 그런 상식을 모르고 있었다.

# 자신이 결정한 것에 대해
# 다른 사람들의 눈치를 본다

지금 직장 한의원에서 근무한 지 10년이 넘어가고 처음 들어올 때 간호조무사 자격증 없이 들어왔었다. 지금은 병원이 모두 자격증을 원하지만 내가 들어올 때는 특별히 자격증을 요구하지 않았다. 한의원은 자격증 없어도 일을 배우면 다 할 수 있었다.

처음 일 배울 때 나는 물리치료 기계 다루는 것이 어려웠다. 기계는 복잡하고 다루는 것이 어려워 팀장 간호사 샘이 일일이 기계에다 번호를 붙여주면서 알려주어 익혀나갔다. 기계 다루는 것은 그렇다 치고 환자들하고 친숙하지 않으니 사람들하고 관계도 힘들었다. 환자들도 낯설고 일하는 간호사들도 낯설었다.

그러나 팀장 샘은 나한테 잘해주셨는데 나를 소개해준 샘이 힘들게 했다. 자기가 나를 소개했으면서 잘해주지는 않고 오히려 일하는 사사건건 간섭하는 것이었다. 나이는 나보다 한참 7살이나 적었다. 환자한테 물리치료하고 나오면 그건 그러면 안 되고 이건 이러면 안 되고 하면서 스트레스를 받았다. 나중에는 내가 참다가 눈물이 날 것만 같았다. 나도 한번 대들려다가 참았다. 나를 소개해준 그 간호사는 6개월 정도 같이 일하다 그만두었다. 남의 눈에 눈물이 나게 하면 자기 눈에 피눈물 난다고 원장님에게 계속 잔소리 듣더니 결국 못 참고 그만두게 되었다. 그리고 그만두고는 자기가 미안했는지 먼저 연락하고 미안한 것을 표현했었다. 그러고 보니 내가 훨씬 오래 근무하게 된 것이다. 일은 매일 똑같은 것이 반복되기 때문에 6개월이 지나니 어느 정도 일이 익숙해지고 환자들하고도 친숙해졌다.

10년 정도 한 병원에서 일하다 보니 환자들하고도 친해지고 환자분들이 거의 연세 있으신 어르신들이다. 자기 자식들 자랑, 집안일 등을 치료하시면서 얘기를 하신다. 우리는 물리치료 해드리면서 얘기를 들어주고 맞장구를 쳐주기도 한다. 거의 단골 환자분들이 많으시다. 원장님이 침을 잘 놓으시기도 하지만 우리 한의원은 물리치료를 잘해준다고 오시는 분들이 많다.

물리치료가 좀 많기는 하다. 치료 시간이 거의 한 시간은 걸리니까. 그리고 환자분들이 몰릴 때는 거의 앉을 시간도 없이 계속 일해야 하는 경우도 있다. 좀 힘들다는 생각은 한다. 그전 40대까지는 힘들다는 생각은 하지 않았는데 50대가 되니 갱년기가 오면서 허리 관절이 아프기 시작했다.

작년부터 생리가 끊어지더니 작년 초에는 심장 뛰는 소리가 불규칙하고 느낌이 이상해서 갱년기 때문인지 산부인과에 갔었다. 의사는 갱년기 때문은 아닌 것 같다고 내과를 가보라고 했다. 내과에서는 피검사와 심전도 검사를 하고 심장은 별 이상이 없다고 하였다. 검사가 끝난 뒤에 한 달이 지나니 심장은 괜찮아졌다. 그리고 또 한 달 뒤에는 음식물만 먹으면 두드러기가 온몸에 났다. 피부과에 가서 주사를 맞고 약 먹고 하면 좀 괜찮다가 또다시 두드러기 증상이 나타났다. 두드러기 증상도 한두 달 하더니 증상이 없어졌다. 이 모든 게 갱년기 오면서 몸에 이상한 증상이 나타난 것 같다. 한의원에서 오래 근무했으면서도 40대까지는 침 한 번 맞지 않았다. 나는 오십 평생을 살아도 특별히 몸이 아파서 병원에 입원한 적은 없다. 친정아버지의 체질을 물려받은 것 같다. 그리고 잔병치레도 별로 없었는데 작년은 병원을 자주 간 것 같다.

그리고 2년 전 간호조무사 자격증을 따고 싶다는 생각이 자주 들었다. 요즘은 주변에서 간호조무사 자격증을 많이 딴다. 그리고 서초동 사는 친구가 간호조무사 자격증을 땄다. 어렸을 적 동네 친구 세 명이 서울에서 산다. 세 친구 모두 어쩌다 서울에서 살게 된 것 같다. 그 친구는 몸이 아파서 일을 잠시 쉬는 동안 자격증 공부를 한 것이다. 자격증을 가지고 취업을 하니 그 친구는 강남에서 월급을 꽤 많이 받는 것 같았다. 내가 도전하고 싶은 마음이 계속 들었다. 나이는 오십이 되었지만, 자격증을 따고 싶은 마음이 간절했다. 몇 달을 고민했다. 그냥 따지 말고 이 한의원만 계속 다닐까 하는 생각도 들고, 하지만 너무 한 곳에 오래 있어도 나를 위해서 별 도움이 안 된 것 같았다. 다른 병원일도 해보고 싶었고 앞으로 나에게 어떤 일이 생기더라도 자격증이 있어야 밑바탕이 되고 안심이 될 것 같았다. 지금 하지 않으면 나중에 후회될 것 같았다. 하지만 걸림돌이 많았다.

당장 학원비도 문제고, 내가 직장을 그만두고 자격증 공부에만 매달릴 수도 없고, 내가 벌지 않으면 생활이 되지 않기 때문이다. 그리고 직장 생활을 하면서 공부도 할 수 있을지 의문이고, 주위에서 친구들이 반대하였다. 하지만 내 의지를 꺾을 수는 없었다. 나는 계속 자격증에 대해 간절함이 더해갔다. 하나님이 원하는 것이다. 직장 동료들에게 얘기하니 하고 싶으면 하라고 말해주었다. 직장 생활을 하면서 학원 다니려면 직장 동료들 도움이 필요했다. 다행히 우리 한의원은 가족 같은 분위기고 원장님도 인성이나 성격이 좋으시다. 원장님은 환자들에게 너무 친절하시고 우리 간호사들에게도 잔소리하지 않으시고 명절 때나 평소에 우리에게 잘 챙겨주신다.

　스테이션 담당 샘은 환자들에게 너무 친절하시고 환자분들을 내 부모처럼 대하신다. 일도 똑 부러지고 야무지게 처리하신다. 나랑 같이 치료실 일하는 샘은 인정이 많고 일 처리를 꼼꼼하게 하고 환자들에게 물리치료 하나라도 더 해주고 싶어 한다. 한의원이 가족 같은 분위기가 되기까지 그동안 간호사 샘들하고 싸우면서 다녔었다. 일하다 보면 이것저것 마음에 안 맞고 불만이 생기기 마련이다. 그때마다 우리 간호사들은 서로 불만을 표현하여 싸우다 보니 간호사 샘들하고 10년 넘게 같이 일하고 있다. 우리 같은 한의원이 없다고 생각한다. 보통 주위에 일하는 사람들 보면 한곳에 오래 있지 않고 몇 달 일하다 그만두는 경우를 많이 봤다.

　평소 알아두었던 돈암동에 있는 학원에 등록하였다. 주간은 나라에서 주는 혜택이 있어 싸게 할 수 있지만 나는 야간으로밖에 할 수 없었다. 직장 생활을 하면서 돈을 벌어야 하기 때문이다. 야간은 주간보다 비싸다. 그리고 자녀들이 다 커서 손 가는 일은 없어서 다닐 수 있었다.
　학원비도 내가 할 수가 없어 엄마한테 부탁하였다. 간호조무사 자격증 공부하려고 한다니까 엄마가 학원비를 송금해주셨다. 엄마한테 미안했다. 내가 혼자 벌어서 생활하는 것을 아시고는 엄마는 항상 내 걱정이 많으시다. 하지만 내가 하고 싶은 것을 하기 위해서는 미안하더라도 어쩔 수 없었다.

드디어 학원에 다니기 시작했다. 간호조무사 자격증 과정은 1년 과정이다. 간호사 샘들은 내가 학원 가는 것을 알지만 원장님에게는 말을 안했기 때문에 직장이 끝나는 날은 바로 학원으로 향했다. 야간수업 시간은 6시 반부터 시작이다. 내가 끝나는 시간도 6시 반이었다. 끝나고 바로 가더라도 항상 수업 시간 시작하고 도착했다. 어떤 날은 샘들이 일찍 가라고 양해를 해주기도 했다. 학원은 강북에서 좀 유명한 곳에 비해 시설이 너무 협소했다. 4층짜리 건물에 엘리베이터가 없어서 4층까지 계단을 타고 올라가야 했다. 어떻게 생각하면 운동 된다고 하겠지만 어떤 날은 걸어 올라가는 것이 버겁기도 했다. 숨차기도 했다.

학원 문을 열기 전 벌써 선생님의 카랑카랑한 목소리가 들린다. 다른 수강생들은 벌써 수업에 집중하고 있다. 나는 빈자리에 가서 얼른 앉는다. 간호조무사학원은 가르치는 선생님들이 너무 친절하셨다. 특히 우리 야간반 담임을 하셨던 선생님은 키가 작으시고 마른 체형에 안경을 끼고 애살이 너무 많으셨다. 말투에서 애교가 철철 넘치는 분이었다. 수업 시간에도 자신의 경험담을 얘기하시면서 유머 있게 수업을 인도했다. 그리고 자기가 노처녀에서 결혼하게 된 배경 등 남편 얘기까지 수업 시간 짬짬이 얘기해줄 때는 졸리지도 않고 재미있게 수업을 들은 것 같다. 우리 야간 담임은 대구에서 큰 병원에서 20년 넘게 일하셨다고 한다. 경력이 있는 만큼 화젯거리도 많았다. 하지만 낮에 일하고 저녁에 공부한다는 게 쉽지는 않았다. 졸리는 날이 많았다. 아마도 학원 선생님들은 우리가 졸아도 그냥 봐주셨을 것이다.

학원 수강생들은 나이도 다양했다. 이제 고등학교 졸업하고 오는 학생들, 20대부터 30대, 40대가 많았고 나와 같은 50대는 4명 정도였다. 그 중에 나보다 3살 많았던 언니는 자격증은 따지만 나이가 많아서 취업이 될지를 고민하였다. 그러나 내가 긍정적이기 때문에 언니한테 용기를 주는 말을 많이 해줬다. 그래도 구해보면 취업 자리는 나올 거라고 긍정적으로 말해주었다. 언니는 나처럼 한의원에 일하기를 원했다. 그리고 지금은 한의원에서 일하고 있다. 나는 한 번에 합격하고 싶어 휴일에는 동네 도서관에 가서 공부하기도 했다. 그렇게 열심히 노력해서 19년 3월 초에 시험을 보고 합격하였다. 평소에 보던 모의고사보다 점수는 잘 나왔다. 자격증을 따기까지 인도해주신 하나님께 감사한 마음이다. 그동안 열심히 기도한 덕에 하나님 은혜로 자격증을 딸 수 있었다.

# 책임을 지지 않으려는 마음 때문이다

우리는 임신을 하고서 결혼식을 하고 결혼식과 몇 달 뒤 첫아기가 태어나면서 부부끼리의 신혼 시절이 없었다. 아마도 연애 기간이 길어서 신혼이 없었을 수도 있다. 애기가 태어나면서 나는 육아와 살림에 신경을 쓰고 첫애 아들이 태어나고 3년 뒤 둘째 딸이 태어났다.

자연스레 나는 아이들한테 신경을 더 쓰고 남편한테는 소홀해진 것 같다. 남편은 아이들을 무척 좋아했다. 일요일 쉬는 날은 아이들과 놀아주고, 장난도 치고, 그렇게 우리 부부는 아이들 위주로 살았던 것 같다. 그리고 일상생활에 젖어 들고 똑같은 하루하루 반복이었다.

남편은 특별히 취미가 있는 것도 아니고 일요일 쉬는 날은 잠자기 바빴다. 서로 부부끼리 대화를 많이 하지도 않았다. 부부끼리 취미생활 하는 것도 없었다. 남편은 밖에서 이것저것 집에서 쓸 만한 물건들을 잘 구해오고 얻어오기도 했다. 그리고 남편은 손재주가 엄청 좋았다. 집에 전기가 고장이 나거나 고칠 게 있으면 뚝딱뚝딱 손질도 잘해주었다. 그러면서 남편이 하는 말 "나는 공부 머리는 아니고 손재주하고 잔머리의 대가야."라고 말했다. 남편은 직장 생활 잘하고 성실하고 다른 말썽 피우는 거는 없었다.

그러던 큰애가 6살 무렵 하루는 남편이 답답하다고 여행이나 가보고 싶다는 것이었다. 나는 그말의 속뜻을 모르고 혼자 생각하기를 '여행은 무슨 여행' 하고는 그냥 넘겨버렸다. 그리고 나는 집에서 애들 키우고 나 자신을 개발하는 데는 신경을 안 썼다. 나는 관심이 있는 것이 빨리 내 집 하나 마련하는 것이었다. 아파트라도 마련해서 이사 가고 싶은 마음이 가득했다. 그래서 신문이나 전단지에 있는 아파트 분양 광고에 관심이 많았다.

어느 날은 아파트 분양 광고를 보고 경기도 안양에 모델하우스를 구경 간 적이 있다. 나는 지금도 아파트 모델하우스 구경하는 것을 좋아한다. 아직 내 집이 없기 때문이기도 하다. 마치 내 집인 것처럼 구경하면 기분이 좋고 힐링이 된다. 보통 여자들은 내 집 마련하는 것을 좋아하고 남자들은 차를 갖는 것을 좋아하는 것 같다. 그리고 그때는 집이 빌라인데 18평 정도 되었다. 전세였다. 애들이 커가면서 집이 좁아 보이긴 했다.

나는 조금이라도 살림에 보탬이 될 수 있게 부업으로 바느질을 했다. 겨울 외투, 그때 한참 유행하던 떡볶이 옷이라고 완성되기 전에 바느질하는 게 있었다. 직장은 애들 때문에 못 구하고 부업이라도 했었다. 큰애가 7살 되던 해 나는 1년에 천만 원 모을 생각으로 적금을 많이 부었다. 결혼 초 남편은 점심값 줄인다고 도시락을 싸서 간 적도 있다. 이쁜 도시락을 사서 왔던 기억이 난다. 그러나 도시락 싸는 것도 오래가지는 않았다. 내가 경제권을 가지고 있어서 돈은 내가 관리를 다 했다. 그러면서 남편 용돈은 조금밖에 주지 못했다. 남편은 혼자 벌어서 생활하고 용돈은 없으니 힘들었을 것이다. 하루는 저녁에 텔레비전을 보면서 남편이 "저 여자처럼 당신도 푼수끼라도 있었으면 좋겠다."라고 하는 것이었다. 나는 대답도 안 하고 그냥 넘겨버렸다.

그해 가을쯤 남편은 숙직, 당직하면서 집을 비우기 시작했다. 큰애가 7살 되던 해였다. 처음엔 나는 눈치채지 못하고 숙직이 자주 있나 보다 하고 생각했다. 그런데 점점 자주 숙직이라면서 집에 오지 않는 횟수가 늘어갔다. 나는 그제야 눈치가 왔다. 내가 너무 곰같이 둔했었다. 남편이 집에 오지 않는 날은 잠도 오지 않고 고민만 했었다. 나는 누구한테 물어보지도 고민을 얘기하지도 않고 혼자 끙끙 앓았다. 싸우지도 못했다. 그러고는 아예 집에 안 들어오는 날이 더 많아졌다. 나는 어떻게 손쓸 수가 없었다. 집에 오는 날은 막 꾸중하고 야단을 쳤다. 그때뿐, 나가면 또 안 들어왔다. 남편은 집이 싫다고 했다. 집에 들어오고 싶지 않다고 했다. 나는 점점 화를 어떻게 해야 할지를 몰랐다.

평소 우리 부부는 잘 싸우지도 않았다. 싸울 일도 없었다. 한번 크게 싸운 적은, 아들이 백일 지나고 무슨 신경전이 있었다. 남편이 그릇을 벽에다 던져서 그릇이 부서졌던 적이 있었다. 나를 때리지는 못하고 그릇을 집어 던진 것 같았다. 나는 그때 남편이 실망스럽고 화가 많이 났었다. 그리고 그 다음 날 나는 아들을 데리고 부산으로 떠나버렸다.

차마 통영은 못 가겠고 부산에 큰오빠와 막내오빠가 있어서 이제 백일 지난 애기를 데리고 무작정 부산으로 내려갔었다. 내려갔지만 오빠 집에는 못 가겠고 애기를 데리고 여관으로 갔었다. 그때가 여름이었다. 날씨는 덥고 방에는 모기가 있어서 애기가 물릴까 봐 조심스러웠다. 그날 밤은 낯선 곳이라 잠을 제대로 못 잤다. 그다음 날 큰오빠 집에 가서 있다가 서울로 올라왔다. 집으로 오니 남편이 미안한 표정으로 맞이해주었다.

나는 남편이 제자리로 돌아오기를 바랐다. 혼란스러웠다. 정신이 없었다. 갑자기 내가 딴 세상에 사는 느낌이었다. 뭘 먹고 싶지도 않았다. 애들을 봐야 하는데 애들한테 신경이 안 갔다. 방에 드러누워서 눈물만 흘렸다. 어떻게 나한테 이럴 수가 있는지 물어보고 싶었다. 내가 뭘 잘못했는지, 내가 어떻게 해줘야 좋은지 알 수 없고 참담했다.

어느 날 들어와서는 통화를 하는 것이다. 여자하고 통화를 하는 것 같았다. 그때도 나는 가만히 있었다. 지금 같으면 전화기를 뺏어서 막 야단쳤을 텐데, 그때는 순진해서 가만히 있었던 것 같다. 그러고 보면 이 일이 있기 전 남편이 애들을 데리고 놀러간다면서 아들 딸을 데리고 나간 적이 있었다. 남편의 여자하고 애들 데리고 놀러 갔다 온 것 같았다. 나는 남편이 들어오는 날은 막 싸우고 싶은데 싸우지도 못했다. 다른 사람 눈치 보여서 남들이 어떻게 생각할까 봐, 말도 못 하고 혼자 속만 태웠다. 나는 사람들하고 막 어울리는 성격도 아니고 누구한테 물어보지도 못했다. 지혜롭지 못했다.

남편을 너무 믿었다. 남편한테 너무 기대고 살았다. 너무 순진해서 남편이 내 삶을 책임져줄 것처럼 살았다. 남편도 어찌 보면 불우한 환경에서 자랐다. 어릴 때 엄마가 집을 나가시고 할머니 밑에서 컸다. 옛날 부모님들의 삶은 다들 힘들었다. 아버님이 힘들게 하셔서 아마 집을 나가신 것 같았다. 남편은 3남 1녀 중 막내아들이다. 우리 친정과 형제가 같다. 남편은 연애할 때는 모든 것이 좋아 보였을 것이다. 그러나 결혼하고 나서 보니 현실이 보였을 것이다. "나는 처제가 왜 없지?"라고 말한 적이 있다.

그러고 보니 양쪽 다 남자 형제들이 많다. 형들보다 우리가 먼저 결혼하여 장남 노릇을 하며 살아야 했다. 시아버님께서 형제 중 남편을 제일 좋아하셨다. 어려서부터 이쁜 짓을 하고 영특했다고 한다. 아버님이 외출한다고 나가시면 신발을 이쁘게 닦아놓기도 했다고 한다. 지금은 돌아가셨지만 시할머니께서 남편을 애늙은이라고 하셨다. 어떤 분은 남편이 장남으로 태어났어야 했다고 말했다. 형들과 아버지와의 갈등도 심했다. 형들이 집안에서 형들답게 살지 않으니 남편이 힘들었을 것이다. 남편은 주변에서 결혼을 왜 그렇게 일찍 하냐는 질문에 집이 싫어서 탈출하고 싶어서 일찍 결혼한다고 했었다.

나도 성격이 시골에서 자라서 그런지 너무 고지식했다. 사실 남편이 나의 첫사랑이었다. 남편 만나기 전까지는 나는 제대로 된 연애는 안 해봤다. 어려서부터 자란 동네 친구들은 나를 좋아했다고 했다. 하지만 난 그런 거에는 눈치가 없었다. 중학교 때도 나를 좋아한다고 고백하던 남자친구가 있었는데 나는 성격상 무시해버렸다. 중학교는 남녀공학이었다. 그리고 내가 좋아하는 남자친구는 따로 있었다. 나와 같은 반은 한

번도 안 해봤지만 그 친구는 얼굴이 하얗고 핸섬한 친구였다. 고등학교 때는 여상이라 남자친구 만날 기회가 없었고 고3 땐가 상고 남학생들하고 미팅을 한 번 했었다. 그것도 미팅 한 번 안 하면 후회될까 봐 해봤다.

그리고 학교 졸업하고 사회생활하니까 여기저기서 나를 좋다고 하는 사람들이 많았다. 통영에서 근무할 때 외환 업무를 볼 때였다. 외환 업무는 로컬네고가 있고 다이렉트네고가 있다. 다이렉트네고는 마산 본점하고 연결된 부분이 있어 본점하고 통화할 일이 많았다. 그때 마산 본점 직원이 내가 목소리가 좋다고 나를 보러 통영까지 온 적이 있었다. 그런데 내 스타일은 아니었다. 그분은 대학원까지 나오신 분이었다. 그리고 거래처 직원분이었는데 그분은 창구에 여러 여직원이 있었지만, 항상 나한테 와서 일을 보고 가셨다. 소아마비로 다리가 불편하였지만, 인상이 좋고 성격이 참 좋으셨다. 지금은 그분 생각이 많이 난다. 거제 지점 근무할 때는 길 가고 있는데 어떤 모르는 분이 차 한잔하자고 막 조르는 분이 계셨다. 어쩔 수 없이 차 한잔하면서 남자친구 있냐고 물어보길래 남자친구 있다고 말하였다. 그때는 남편을 사귀고 있을 때였다.

남편과의 갈등은 잘 풀어지지 않았다. 그렇다고 내가 성격이 바뀌는 것도 아니고, 한번 어긋난 감정은 쉽게 풀어지지 않았다. 지금은 남편과 서류상 이혼은 아니고 그냥 서로의 삶을 인정하면서 지낸다. 어린 시절 가까운 사람에게 상처받은 사람들은 충족 받지 못한 사랑을 외부에서 충족하려고 한다고 한다. 하지만 외부에서 인정과 사랑을 갈구하고 끊임없이 그것을 향해 나아가는 삶은 공허함만 남는다고 한다. 타인의 인정과 사랑을 갈구하는 삶에서 벗어나 내 가슴이 원하는 것을 찾는 것이 진짜 자신을 만나가는 삶이라고 한다.

# 06

# 완벽을 추구하려는 성격 때문이다

나는 한의원에서만 10년 넘게 일하고 있다. 한 가지를 하면 꾸준히 하는 내 성격이기도 하다. 같은 장소에서 지금 원장님은 다른 곳에서 하시다가 이사를 오셨고, 그전 원장님 얘기를 하려고 한다. 16년 3월 말 그날도 원장님은 하루 환자도 꽤 있었고 기분이 좋게 퇴근하셨다. 3월 말이라 날씨가 좀 쌀쌀했던 것 같다. 퇴근 후 집에 있는데 팀장 샘으로부터 전화가 왔다. 원장님이 뇌출혈로 쓰러지셨다고 했다.

나는 너무 놀랐다. 믿을 수가 없었다. 건강하게 퇴근하셨던 원장님이 갑자기 쓰러지셨다고 하니 어안이 벙벙했다. 당장 내일부터 병원을 어떻게 운영할 것이며 진료는 어떻게 할 것인지 병원 일이 걱정되었다. 환자들에게는 어떻게 얘기할 것이며, 원장님은 신앙도 있으신데 이런 일이 일어났다는 것도 놀라웠다.

다음 날 병원은 어수선했다. 원장님이 계셔야 병원이 운영되는데 원장님이 안 계시니 당장 환자들에게 어떻게 말을 해야 할지도 걱정이었다. 일단 환자들에게는 시골에 급하게 내려가셨다고 했다. 환자들에게 원장님이 쓰러지셨다고 말할 수는 없는 것이다. 사실 그때 원장님은 굉장한 스트레스를 받고 있었다. 1년 전에 환자로부터 소송이 걸린 게 있었다. 봉침을 환자 팔꿈치에 놓았는데 그게 잘못되어 환자 손가락이 마비 증세가 온 것이다. 그 환자분은 대학교 교수였다. 교수가 학생들 가르쳐야 하고 글씨를 써야 하는데 손가락이 마비 증세가 있으니 불편할 것이었다. 처음에 그 환자분은 원장님을 찾아와서 좋게 얘기하고 가시는 것 같았다. 원장님도 얘기하시기를 그 환자분이 신사적인 것 같다고 하셨다. 그리고 또 찾아오셨다. 이번에는 돈을 요구하는 것 같았다. 원장님은 자기 돈으로 주기 싫어서인지 보험으로 처리하는 것 같았다. 그런데 그 환자분이 소송을 걸어서 법적인 문제가 생긴 것이다.

소송 걸린 문제는 잘 해결되지 않고 1년 정도 걸린 것 같았다. 그리고 그해 1월 초쯤 원장님 동서가 교통사고로 갑자기 돌아가시게 되었다. 원장님은 갑자기 동서가 교통사고로 돌아가시니 많이 놀라신 것 같았다. 교통사고도 의문점이 있는 것이 원장님 동서가 고속도로를 역주행했다는 것이다. 요즘은 블랙박스가 있어 사고 내용이 다 나온다. 그것도 도로를 왜 역주행했는지 알 수가 없는 일이었다. 그리고 간호사 샘하고도 관계가 좋지 않았다. 간호사 샘이 허리가 매우 아파서 일을 못 나오고 하루를 쉬게 되었는데 원장님은 그것이 용납이 안 된 것이다.

원장님은 간호사들이 결근한다는 것은 용서가 안 되는 일이었다. 그때는 간호사들 근무시간이 일주일에 평일 하루는 쉬었다. 일요일 쉬고 주5일 근무한 것이다. 원장님하고 그 간호사 샘하고도 갈등이 좀 있었다.

나는 그 원장님이 쓰러지시기 전 10년 정도 같이 일했던 것 같다. 내가 이 병원으로 오게 된 것은 아는 후배 소개로 오게 되었다. 2004년부터 2006년 병원으로 오기 전까지 나는 보험 영업을 하게 되었다. 같이 보험을 하던 후배가 보험을 그만두고 이 병원으로 오게 된 것이다. 그 후배는 나를 잘 봤는지 한의원에서 사람을 뽑는데 내가 왔으면 좋겠다고 했다. 마침 그때 나는 보험 영업도 잘 안 되고 그만두고 싶은 마음이었다. 그래도 실적은 많이 내지 못했지만 3년 정도 보험을 했나 보다. 보험을 그만두는 날은 왜 그리 슬프던지, 지점장과 면담을 하는데 눈물이 났다. 보험을 하게 되면 실적을 위해서 영업소에서 사원들을 위해 보조를 많이 해주신다. 또 야유회 다니던 기억이랑 회식하던 추억들이 생각났다. 나는 살면서 영업은 해보지 않아서 실적은 많이 못 냈지만, 고객들 관리는 열심히 했었다. 그리고 고객을 만나면 클로징이 잘 안 되어서 계약서를 받지 못했다.

2006년 9월초 나는 이력서 한 통을 갖고 이 병원으로 면접을 보게 되었다. 그때 이력서를 제대로 적지를 못했던 것 같다. 처음 원장님을 뵈었을 때 잘생기셨다는 느낌을 받았다. 실제로 원장님은 인물이 좋으셨다. 원장님 고향은 경남 밀양이셨고 나와 비슷한 경남 지역이셨다. 면접 볼 때 나는 어떤 말을 했는지 기억이 잘 안 나지만 원장님은 내가 말한 것이 인상적이었나 보다. 원장님이 건강은 괜찮냐고 물어보셨는데 내가 위가 좀 좋지 않다고 말했다. 건강하다고 말하면 되는데 너무 솔직하게 말한 것이다. 한참 지난 뒤에 원장님이 그때 면접 볼 때 얘기를 하셨다. 그리고 내가 인상이 매우 좋았다고 말씀하셨다. 그때 면접 볼 때 한 사람이 더 면접을 봤는데 다른 사람이 똑똑하긴 했다고 하지만 내가 인상이 좋아서 뽑았다고 말씀하셨다.

원장님은 성격이 예민하고 꼼꼼하셨다. 2010년 전까지만 해도 환자들이 꽤 있었지만 10년 이후로 환자들이 줄어들자 왜 환자들이 줄어드는지에 대해 우리 간호사들한테 물어보기도 하셨다. 그리고 간호사들에게 다른 병원에 가서 어떻게 하는지 알아보고 오라고 하시기도 했다.

환자들이 오지 않으면 전화해서 물어보라 하기도 하셨고, 그런 것이 우리 간호사들에게는 스트레스긴 하였다. 그리고 간호사들이 그만두는 이유도 급여가 적다고 그만두고 간호사한테 무슨 꼬투리를 잡으면 계속 그 문제로 잔소리를 심하게 하셨다. 그러니 간호사들이 그만두는 것이다. 원장님은 한의원 운영해서 돈을 많이 버셨다. 병원 평수가 70평은 되고 40평 아파트 있고 4층짜리 상가건물도 있으셨다. 욕심이 좀 많으시다는 생각은 했다. 그렇게 원장님이 쓰러지시고 병원은 당분간 문을 닫았다. 병원 문을 닫으니 원장님에 대한 이상한 소문이 돌기도 했다. 원장님이 돌아가셨다는 소문이 많이 돌았다. 우리 간호사들은 갑자기 실직 상태가 되었다. 다행히 고용보험으로 급여를 받을 수 있었다. 원장님이 쓰러지시고 1년 뒤 우리 간호사들과 함께 원장님을 찾아뵈었다. 다행히도 팔다리가 조금 불편하시고 말씀은 잘하셨다. 이제 침 치료는 못 하시고 병원에서 재활 치료를 열심히 하고 있다고 소식을 듣고 있다.

옛말에 욕심이 과하면 화를 부른다는 말이 있다. 나는 원장님과 거의 10년을 옆에서 같이 일했다. 옆에서 지켜본 원장님은 자녀들 이제 다 컸고 공부 다 시키고 재산도 어느 정도 있으시다. 마음을 좀 느긋하게 가지시고 욕심을 조금 낮추었다면 이런 일을 막을 수는 있었다. 그전 원장님이 치료실에 액자 걸린 게 있었다. '건강 명예 재산' 사람 앞일은 예측할 수가 없다고 원장님에게 이런 일이 일어날 줄 생각도 못 했다.

막내오빠는 성격이 꼼꼼하다. 뭐 한 가지를 하면 치밀하게 알아보고 뒤처리도 깔끔하게 처리한다. 작년 엄마 아프실 때 일 처리하는 것을 보고 많이 느꼈다. 오빠들과도 결혼하면서 각자 생활하고 특히 나는 서울에 살다 보니 자주 만나볼 시간은 없었다. 그리고 우리 식구들은 엄마 성격을 닮아 말수가 없고 과묵하다. 작년 엄마가 요로결석이 와서 아프시면서 병원을 알아봐야 했었다. 수술을 해야 할지 말아야 할지 고민이 되었다. 나이가 많아서 수술을 할 수도 없고 결석은 수술하지 않고 밖에서 깨뜨리는 방법도 있었다. 막내오빠는 무슨 병원에 어떤 기계가 있고 기계 중에서도 어떤 기계는 이런 점이 좋고 저런 점이 안 좋고 하는 것을 꼼꼼하게 파악하고 있었다. 그리고 어느 병원이 결석 치료를 잘하는지도 분석하고 있었다. 나는 오빠의 꼼꼼한 성격에 놀라웠다.

작년 여름휴가 때 엄마와 막내오빠와 우리 딸과 충남 보령으로 여행을 갔다. 숙박하는 곳은 막내오빠 회사에서 제공하는 펜션이었다. 아파트였다. 마지막 날은 뒤에 오는 사람들을 위해서 뒷정리를 하고 나와야 했다. 냉장고에 음식물을 남기면 안 되고 청소도 깨끗이 해야 했다.
내 생각에는 깨끗이 다 정리한 것 같은데 오빠는 우리를 역까지 데려다주고는 다시 펜션으로 가는 것이었다. 더 정리할 게 있다면서.

  결혼 전 은행 근무할 때 통영에서 근무하다 거제 지점으로 발령이 났었다. 거제 지점은 통영 지점과는 분위기가 달랐다. 성격 좋은 여직원도 있었지만 같은 동기인데도 서로 말하지 않고 원수같이 지내는 것 같았다. 서로 말하지 않는 여직원 중 한 명이 일 처리는 엄청 꼼꼼하게 하는 직원이 있었다. 키는 크고 눈은 작고 엄청 말라서 볼품은 없었지만 일 처리를 하면 처음부터 왜 이렇게 되는지에 대해서 파악을 하고 있었다. 그리고 일을 다른 사람한테 넘길 때는 메모지에 꼼꼼하게 적어서 넘겼다. 일 처리는 꼼꼼하게 완벽하게 처리하는 직원이었다.

## 07

# 명확한 목표가 없다

"성공은 명확한 목표를 정하는 것부터 시작된다."라는 말이 있다. 보통 사람들은 어떤 목표나 꿈이 없이 살아간다. 나 또한 자라오면서 주변에서 장래 희망이나 꿈에 관해 얘기를 해주거나 들어본 적이 없다. 선생님으로부터 장래 희망에 대한 말이나 상담을 받은 적도 없고 학교에 다닐때는 그저 성적순으로 진학 문제를 결정했다. 그러고는 직장 생활하고 연애를 하면서 결혼하고 아이를 낳고 그런 것이 전부였다. 결혼하고 백화점에서 강연을 들었을 때 10년 후 내 모습을 상상해보라고 하였다. 그때는 내가 집에서 애들 키우고 살림만 하던 때라 직장 다니면서 애들도 키우는 워킹맘이 될 거라고 말했던 것 같다. 지금은 워킹맘이 되었다.

그리고 2년 전 내가 하고 싶었던 간호조무사 자격증을 딴 것이 잘한 거로 생각한다. 작은 거지만 내가 하고 싶고 목표가 생기니 힘들고 어떤 장애물이 있어도 참고 하게 되었다. 사실 50이 다 되어서 직장 다니면서 야간으로 공부를 한다는 것은 쉬운 결정은 아니라고 생각한다. 게다가 일요일은 병원으로 실습 나가야 했다. 그러니까 일주일을 직장과 실습으로 쉬는 날이 없었다. 다이어트도 막연하게 빼야지 하는 것보다, 목표를 세워서 한 달이면 한 달, 두 달 안에 몇 킬로그램을 빼겠다는 계획을 세워서 하는 것이 효과적이라고 한다. 다이어트 잘하는 사람들은 주변 사람들도 만나지 않고 혼자 고독해야지 뺄 수 있다고 하여 만남도 자제하면서 다이어트하시는 분도 있었다.

나는 아이들을 키우면서 억지로 공부에만 매달리게 하고 싶지는 않았다. 자녀들이 하고 싶은 것이 있으면 하고 싶은 것에 뒷바라지하고 싶었다. 하지만 자녀들 문제는 마음대로 되지 않았다. 지금은 나는 자녀들에게 부자가 되라고 말한다. 하고 싶은 것, 되고 싶은 것, 갖고 싶은 것을 버킷리스트로 적어서 상상하면 평범한 우리도 부자가 될 수가 있다고 말한다. 하지만 자녀들은 아직 믿지를 않는다. 우리 딸이 고3이 되자 수능시험에 대한 압박감으로 두려워하는 마음으로 가득했다. 고3이 되자 딸이 하도 고민하길래 어느 날 내가 수능시험 끝나면 해외여행 보내준다고 한 것 같다. 해외여행 보내줄 형편은 아니었지만, 말이라도 위로가 될까 봐 그렇게 말해봤다.

    딸이 두려워하고 고민을 할 때마다 나는 마음이 힘들었다. 이럴 때 남편이라도 옆에 있으면 서로 의지하고 마음을 나누면 덜할 것 같은데 나혼자서 감당하기가 힘들었다. 나는 아이들에게 항상 미안한 마음이다. 부부 사이가 나빠지면서 아이들은 크면서 아빠의 사랑을 받지 못하고 컸다. 하지만 아이들은 크게 말썽 부리지 않고 착하게 커주었다.

    공부를 못해서 그렇지, 크게 아프지 않고 건강하게 자라준 것만도 감사하다. 특히 아들은 동생을 너무 아끼고 사랑한다. "내 동생 내 동생" 하면서 동생을 어찌나 이뻐하는지 지금은 성인이 되었는데도 둘이서 의지하고 잘 지낸다. 아이들에게 고맙고 감사하다. 남편이 없는데 아이들도 말썽부리고 했으면 나는 어떻게 살았을까? 그나마 나는 하나님을 믿고 의지하면서 살았다. 기도하면 마음이 편안해졌다. 원망 불평하는 마음이 줄어들었다. 나는 아이들과 아빠의 사이를 멀게 하고 싶지는 않았다.

    우리 딸도 내 성격을 닮아 내성적이고 소심한 성격이다. 고등학교 때는 학교에서 댄스반으로 활동했다. 댄스반 반장을 맡기도 했다. 수업이 끝나면 항상 연습하고 오고, 교내 발표회 때도 리더로 댄스반을 이끌었다. 학생들 사이에 인기가 꽤 있었던 것 같다. 그리고 고3이 되면서 수능시험공부를 위해 댄스 활동을 그만두었다. 나는 딸이 초등학교 때는 댄스에 소질이 있는지 몰랐다. 딸이 중학교 때부터 내가 눈치를 챈 것 같다. 거울 앞에 서면 항상 춤을 추었다. 그저 혼자서 춤을 춘다. 누가 가르쳐주지도 않았는데 어쩜 춤을 아이돌처럼 잘 추었다. 표정도 익살스럽게. 그리고 보면 우리 딸이 춤에 소질이 있었던 건 유치원 때부터인 것 같다. 유치원 발표회에 발레복을 입고 추는 아이 중에 우리 딸이 제일 잘하는 것 같았다.(제 눈에 안경)

딸에게 아이돌이 될 거냐고 물어보면 싫다고 했다. 키가 작고 몸매가 안 된다는 것이다. 하지만 우리 딸이 얼굴이 이쁘기는 하다. 엄마 아빠 닮아서(내 생각) 어디를 가나, "어머, 딸이 너무 이뻐요."라는 말을 많이 들었다. 엄마를 아는 사람들은 "어머, 엄마 닮아서 이쁘게 생겼네." 하고 아빠를 아는 사람들은 아빠 닮았다고도 한다. 그럼 나는 어깨가 으쓱해진다. 나는 딸에게 20살 되면 미스코리아가 되라고 말했다. 그러면 딸은 들은 체 만 체한다. 딸이 초등학교 다닐 때는 미술하고 만들기에도 소질이 있었다. 만들기도 곧잘 하였다. 서예도 시켜봤는데 잘하는 것 같아 계속해보라고 했더니 그만두었다.

아들이 초등학교 입학 무렵 한참 컴퓨터가 유행하였다. 초창기 컴퓨터는 모니터가 두꺼웠다. 아들은 학교 갔다 오면 컴퓨터 게임하느라 정신 없었다. 아마도 아들은 게임하느라 공부하고는 멀어진 것 같다. 집은 길음동이었지만 학교는 미아초등학교에 다녔다. 그때는 내가 약간의 치맛바람으로 길음초등학교보다 미아초등학교를 원했다. 아들이 초등학교에 입학했을 때부터 남편이 집으로 안 들어왔으니까 나는 마음이 항상 붕 떠 있었다. 마음이 멍한 상태가 많았다. 그러니 애들한테 제대로 신경이 쓰이지 않았다. 마음이 불만이 가득하고 짜증이 나는 기분으로 가득했다. 남편한테 너무 기대고 살았던 탓이었을까?

아들은 초등학교 3학년 때 수학 시험을 봤는데 90점 이상을 받았다. 나는 그때 우리 아들이 공부를 잘할 것이라고 착각을 하였다. 하지만 그 후로는 성적이 잘 나오지 않았다. 초등학교 6학년 학교에서 무료로 하는 영어 캠프에 보냈다. 집에서 떨어져 숙식하면서 영어를 체험하는 프로그램이었다. 하루를 하더니 선생님으로부터 전화가 왔었다. 아들이 집에 가고 싶어 한다고 중도 하차한다는 것이었다. 지금 아들한테 물어보니 그때는 아는 사람도 없고 전부 영어로만 말을 해야 하니 두렵고 무서웠다고 한다.

중학교에 가려는데 아들은 축구를 하고 싶어 했다. 나는 아들이 축구에 소질이 있는지 몰랐다. 아이들하고 대화가 없었던 탓일까? 축구하는 학교에 가고 싶어 했다. 남편이 시아버지에게 말하여 아버님이 축구하는 감독을 소개해서 테스트를 받게 했다. 그 감독님이 말하길 애가 열정은 있는데 기본기가 모자라고 기본적인 체력이 약해서 안 된다는 것이었다. 그리고 공부나 하라고 그 감독님이 말했다고 한다.

그 후로 아들은 축구 얘기는 하지 않았다. 지금은 취미로 축구를 좋아한다. 중학교 때는 학원이라도 보내고 싶어 조금 유명한 학원에 등록하려고 했더니 성적이 안 돼서 학원도 안 된다는 것이었다. 고등학교 때는 대학이 코앞이라 수학 과외를 하고 영어는 인터넷으로 듣는 강의를 들었다. 하지만 영어는 아무리 해도 성적이 오르지 않았다. 수학은 그래도 조금 성적이 오른 것 같았다. 자녀들에게도 공부를 왜 해야 하는지 동기부여가 있어야 했었다. 부모는 해주고 싶어 과외를 해주고 했지만, 본인이 노력하지 않으니 아무 소용이 없었다.

지금은 나는 자녀들에게 부자가 될 수 있고 부자가 되라고 얘기한다. 꿈을 종이에 적으면 이루어진다고 말하지만, 아직 자녀들은 믿지를 않는다. 평소 목사님 말씀에 꿈을 크게 가져라! 그러면 다 이루지는 못해도 70%는 이룰 수 있다고 말씀하셨다. 나는 꿈을 꾸어보았다. 하지만 잠깐일 뿐 꿈은 사라졌다. 목사님이 되고 싶은 것을 종이에 적어보라고 하셨다. 종이에 적어보았다. 한두 번 적었을 뿐 다시 사라졌다. 하나님을 믿었지만, 목적이 있는 삶은 되지 못했다.

올해 2월 말쯤 우연히 유튜브를 보게 되었다. 〈김도사TV〉라는 채널을 보게 되었다. '100% 이루어지는 기도 방법'이라는 영상을 보고 너무 놀라웠다. 하나님을 믿었지만 기도하고 나면 또 근심이 생겼다. 두려운 마음이 생겼다. 하나님이 내 기도 언제 들어주시려나 막연하게 기다리기만 했다. 삶은 힘들었지만, 환경이 변하거나 삶이 변하지 않았다. 나는 〈김도사TV〉를 계속 시청하는 애청자가 되었다. 나는 김도사님이 하나님을 믿는다는 것과 확신 있게 말씀하시는 것에 믿음이 왔다. 그리고 우리가 왜 꿈을 가져야 하고 목표 있는 삶을 살아야 하는지 이유를 말해주는 것 같아 믿음이 왔다. 김도사님 덕분에 꿈을 가지게 되었고 버킷리스트를 작성해서 목적이 있는 삶으로 바뀌었다. 지금은 분명한 가슴 뛰는 목표가 있는 삶이 너무 좋다.

## 3장

# 결정이 힘들 때
# 진짜 내 마음을 아는 법

# 나는 어떤 식으로 살고, 어떤 인생을 보낼 것인가?

"인생은 공평하지 않지만, 시간은 공평하다."

빌 게이츠의 말이다.

20대 초반 찍은 사진들을 보면 표정이 없다. 웃는 얼굴보다 찡그린 얼굴 무뚝뚝한 얼굴이다. 왜 그랬을까? 나는 사진 찍는 것을 좋아했다. 좀 더 이쁘게 나오고 싶어 얼굴을 찡그리기 싫었다. 그러나 웃으면서 찍은 사진이 별로 없다. 결혼 전 은행 근무할 때 직원들과 등산하면서 찍은 사진이 있는데 얼굴에 표정이 없다. 그리고 내성적이다 보니 타인을 많이 의식했다. 다른 사람이 나를 어떻게 생각할까? 내가 이렇게 하면 다른 사람이 어떻게 생각할까? 등 내 생각을 얘기하고 나를 표현하기보다는 다른 사람들의 생각을 들어주는 편이었다. 그리고 마음이 우울해지기 시작했다. 사람들이 많은 곳에 있으면 가슴이 쿵쿵 뛰었다. 매일 집하고 직장만 왔다 갔다 하다 보니 뭔가 성취감도 없는 것 같았다. 내가 좋아하는 취미생활도 없었고, 직원들과 가끔 등산했지만 내 마음을 치유해주지는 못했다. 지금 생각하니 우울증이었다. 그때는 우울증인지도 모르고 살았다. 무엇을 하고 싶고 어떤 삶을 살고 싶은지에 대한 목표가 없으니 우울증이 왔다.

은행 생활할 때 한 해 후배 남자 직원이 있었다. 나이는 어린 데 비해 생각하는 것이 어른 같다고 해야 하나, 거만하다고 해야 하나, 좀 안하무인 격인 남자 직원이 있었다. 직원들이 다들 그 후배 직원하고 말하기를 꺼렸다. 후배 직원이 말을 걸어보면 얘기해주고, 가까이하지 않았다. 어느 날 일 하다가 무슨 일로 그 후배 직원하고 말다툼이 있었다. 나는 평소에 쌓였던 감정이 그날 폭발했던 거 같다. 나에게 얼굴이 못생겼다느니, 일을 못한다느니 하면서 막말을 하는 것이었다. 나는 제대로 말도 못 해 보고 집에 가서 한참을 울었다. 그냥 막 눈물이 났다. 집 대문 앞에서 바닷가를 바라보며 막 울었다. 그렇게 울고 나니 마음이 좀 가라앉았다. 나는 울고 나면 눈이 퉁퉁 붓는다.

그리고 은행 앞에 호떡 가게가 두 개 있었다. 정문 앞 호떡 가게 아줌마는 키가 작고 마르면서 빠릿빠릿했다. 호떡도 여러 가지를 하면서 맛있었다. 아줌마는 말도 잘하고 싹싹하였다. 그러니까 손님들이 이 아줌마 호떡 가게로 많이 왔다. 그러나 후문 쪽에 있던 호떡 가게 아줌마는 뚱뚱하고 느릿느릿했다. 호떡이 별로 맛이 없었다. 이 아줌마한테 가서 호떡을 먹으면 맨날 정문 앞 호떡 아줌마를 욕하는 말을 하였다. 호떡이 맛이 없다느니 하면서 비난하는 말을 하였다. 그래서 우리는 후문 쪽 호떡 아줌마에게는 가기 싫었다. 아줌마는 자기 호떡 가게 손님이 없으면 다른 사람이 하는 거 보고 배우려 하지 않고 남을 비난하는 말만 하였다. 참 상반되는 호떡 아줌마들이었다.

나는 결혼 전까지는 특별히 어려움 없이 무난하게 살아온 것 같다. 시골집이라 가난했다. 학교 다니면서 공부를 조금 했고 내가 생각하기에 특별히 잘한 건 아니고 친구들이 공부를 너무 하지 않은 것 같다. 그래서 내가 생각했던 것보다 좋은 곳에 취업이 되었다. 내가 직장 생활을 하던 때 한참 맞벌이가 유행하였다. 발령이 서울로 났으면 나는 직장을 계속 다닐 생각은 있었다. 그러나 임신하고 결혼하고 직장을 그만두면서 자연히 집에서 살림하고 애들 키우는 엄마가 된 것이다. 나는 결혼하고 나서 꿈은 내 집 하나 있고 내 차 하나 정도 있으면 된다고 생각했다. 그리고 자녀들이 태어나고 아기 때는 동네 아줌마들하고 어울려 놀았다. 하루는 이 아기 엄마 집에서 수다를 떨고 놀다가, 하루는 저 아기 엄마 집에 모여서 놀기도 하였다. 지금 생각하면 그때가 참 좋았다. 별다른 근심 걱정 없이 살았다.

그러나 사람마다 저마다 고난이 다가온다. 나는 믿었던 남편이 집으로 들어오지 않고 부부 사이가 멀어지면서 힘들었다. 남편은 믿음직스럽고 가정적이고 애들한테도 잘하는 좋은 아빠였기에 내 마음이 더 아팠다. 내가 또 지혜롭지 못했다는 생각이 든다. 결혼 생활이 밀고 당기는 게 없고 미지근했었다. 애들이 생기면서 애들 위주로 살고 부부끼리의 취미라든지 대화가 없었다. 처음에 남편이 집으로 오지 않을 때는 밉고 원망 불평을 많이 했다. 나 자신이 변화하기보다는 남편 탓으로만 돌렸다. '내가 누구 하나 믿고 그 먼 통영에서 서울까지 왔는데 나한테 이럴 수가 있는가' 하는 생각도 많이 했다. 그러나 세월이 지나면서 그런 마음이 지금은 많이 줄었다. 성경 말씀에 나를 힘들게 한 사람을 미워하고 원망 불평하지 말라고 하였다.

지금은 기도하면서 하나님 말씀대로 살려고 노력하고 있다. 마트에서 시장을 볼 때 부부끼리 다정하게 시장 보는 것을 보면 솔직히 부럽다. 나는 왜 저렇게 살지 못하나 하는 생각이 든다. 하지만 나에게는 사랑스러운 아이들이 있다. 아들이 있고 딸이 있다. 딸은 너무 이쁘다. 지금은 성인이지만 어떨 때는 애기 같은 부분도 있다. 남들 부러워하기보다 내가 가진 것에 감사하라고 했다.

그리고 집 문제가 복잡해지면서 법원을 왔다 갔다 해야 했다. 사실 시댁에 불평불만이 없었던 건 아니다. 집을 반지하라도 제대로 된 집을 구해주었으면 살림을 조금씩 늘려갔을지도 모른다. 집을 이사를 할 수 없으니 한 집에서 17년을 썩은 고인 물에 있었다. 그동안 모은 돈은 어디로 가버렸는지 없다. 그리고 경매할 때 주변에 물어보거나 잘 알아보지도 않고 경매를 해서 돈을 잃고 노력한 결과가 하나도 없이 내 집 잃고 이사를 해야만 했다. 경매하는 동안 법원을 왔다 갔다 하고 얼마나 신경을 썼는지 위장병이 생겼다. 평소에도 위가 약한 편인데 낙찰에 실패하고 충격이 컸었다.

한번 위장병이 생기면 통증이 오면서 음식을 마음대로 먹지를 못한다. 물하고 죽 종류만 먹어야 하는 상황이 온다. 병원에서 약 처방받아 먹어도 소용이 없다. 그럴 때는 아무거나 먹을 수 있을 때가 얼마나 그리운지 모른다. 평소에 먹고 싶은 것이 생각나지만 참아야 한다. 심할 때는 한 달 가까이 갈 때도 있다. 다행히 2년마다 나라에서 실시하는 암 검진을 해보았지만, 문제는 없었다. 친정 식구들이 다들 위가 약한 편이라 조심해야 한다. 큰오빠가 위암으로 45세에 돌아가셨다. 친정아버지도 위암으로 제대로 드시지도 못하고 돌아가셨다.

정릉에서 살다가 기간이 끝나서 이사를 해야만 했다. 월세지만 전세자금대출을 해서 다시 재계약 하려고 집주인 양해를 구했다. 집주인은 월세받으려고 세를 놓는 건데 내가 부탁하자 전세를 해준다고 하였다. 나는 은행에 대출 담당자에게 문의해서 전세자금대출을 알아봤다. 그런데 전세가의 80%까지 대출이 된다고 하였다. 하지만 생각해보니 전세자금대출 외에 내 돈이 20%는 있어야 했다. 나머지 돈이 없었다. 집주인에게 어렵게 부탁해서 전세로 돌려달라고 하였지만 내 사정이 어렵게 되었다. 그래서 다시 은행에 계속 물어보니 국민주택기금 전세자금대출이 있었다. 이 대출은 부부합산 부동산이 없는 서민들을 위해서 일반전세자금대출보다 싸게 대출을 해주는 제도이다.

정릉에서는 재계약을 못 하고 다시 집을 알아보러 다녔다. 직장은 계속 다니면서 쉬는 날은 집을 알아보러 다녀야 했다. 다행히 친한 친구가 집 보러 다니는 데 동행해주었다. 친구는 내 사정을 잘 알고는 힘들 때 많은 도움을 주었다. 그러나 서울에서 5천만 원 이하 전셋집을 찾기는 어려웠다. 그래도 다행히 서울에서 가장 싸다는 동네에 집을 구할 수가 있었다. 6년 전 지금 사는 집으로 이사를 오던 날은 12월 2일 엄청 추운 날이었다. 이사하던 날 날씨가 왜 그렇게 추웠는지, 이삿짐 사장님이 하필 이렇게 추운 날 이삿날을 잡았냐고 하였다. 그리고 이사하던 날 정릉 집 주인이 와서 보더니 집을 깨끗이 잘 썼다고 칭찬해주면서 공과금을 정산하는 데 깎아주기도 하셨다. 그리고 보면 신발장 색깔이 흑색이라 보기 싫어서 내가 띠지를 사다가 길이 재가면서 일일이 다 붙여놨었다.

　그리고 5년 전 아는 지인 따라 대출을 해서 다단계 투자했다가 빚을 지게 되었다. 나는 거절을 못 해서 투자하고는 나만 힘들어졌다. 누가 그랬던가, 투자는 가족 간에도 믿지 말라고 했다. 그리고 높은 이자를 무릅쓰고 대출을 해서 회사가 없어지면서 고스란히 빚은 나에게 왔다. 높은 이율 회사들은 이자 날짜가 하루만 지나도 전화가 오고 문자 오고 난리가 난다.

　지겨웠다. 지긋지긋했다. 이자율이 높으니 이자만 해도 아까운 돈이었다. 급할 때는 엄마한테 전화해서 빌려달라고도 했다. 같이 일하는 간호조무사 샘한테 빌리기도 했다. 빌리고 갚기는 했다. 그리고 친한 친구가 내가 힘들다고 했더니 주위 분들에게 빌려서 주기도 했다. 그 친구가 참 고맙다. 하나님이 보내주신 천사 같았다. 그리고 돈에 시달리면서 주위 친구나 아는 사람한테 빌리기도 했다. 내가 많이 느낀 것은 금융기관에 대출이 있는 것은 다행이다. 하지만 없어서 사람들한테 손을 내밀게 되는 것이 더 힘들었다. 사람들에게 한번 돈 얘기 하려면 몇 번을 속으로 다짐하고 다짐해서 말을 꺼낸다. 그리고 사람들에게 돈 얘기하는 것은 내 자존심이 바닥으로 내려앉는 느낌이다.

하나님 말씀에 투기는 하지 말라고 하였다. 나는 하나님 말씀을 제대로 이해하지 못하고 사람들을 믿고 하다가, 낭패를 당했다. 내가 저지른 일이기 때문에 누구 탓할 상황도 안 되었다. 사실 나도 살기가 힘드니까 큰돈 한번 벌고 싶은 마음은 있었다. 스트레스는 계속 왔다. 그러다 높은 이자만 내면 안 되겠다 싶어 낮은 이율로 바꿔보려고 금융기관에 물어보았다. 마침 햇살론을 취급하는 은행을 알게 되어 까다롭지만 낮은 이율로 바꿀 수가 있었다. 나는 정말 금전적으로 힘든 상황에서도 사람들한테 빌린 돈은 다 갚으면서 살았다. 예전 내가 남한테 빌려준 돈은 달라는 말도 못 하고 없어졌다. 금융기관 대출도 꾸준히 잘 갚아가니까 대출상담사가 평생 고객으로 모시고 싶다고 하였다.

돈을 좇아가면 돈은 달아난다고 한다. 우리는 어려서부터 돈에 대한 개념 돈 공부를 모르고 살아왔다. 이제부터라도 돈 공부를 더 열심히 해서 자녀들에게도 경제 관념을 더 주입하게 시켜야겠다고 생각한다. 그리고 목적이 있는 삶이 되었고 더 이상 돈을 좇아가지 않는 경제적 자유인으로 살고 싶다.

# 02

# 나는 무엇을 할 때
# 마음이 편한지 질문해본다

드디어 우리 물건 차례가 왔다. 나는 우리 물건 사는 사람이 나타나면 어떡하지 하는 조마조마한 마음이었다. 기다리는 시간은 지루하고 힘들었다. 가슴은 쿵쿵 뛰었다. 드디어 우리 차례가 왔다. 앞에서 호명을 하였다. 1등 B씨. 1등이 된 사람이 나타났다. 나는 2등이었다. 나는 그때 순진해서 5천만 원을 썼고 1등 B씨는 5천4백만 원 정도 쓴 것 같았다. 아 그때의 내 심정은 참담하였다. 세상이 무너지는 느낌이었다. 앞에서 호명을 하여 나가야 하는데 발걸음이 무겁고 후들거렸다.

"누구지? 어떤 사람이 이 물건을 샀지?"

머릿속에는 온갖 생각이 떠돌고 있었다. 앞에 나가서 법원에서 주는 서류를 받으면서 1등 된 사람을 바라보았다. 웬 70대 할머니였다. 나는 그 할머니를 곱지 않은 시선으로 바라보았다. 바로 앞에서 왜 이 물건을 사셨냐고 물어보고 싶었다. 하지만 말은 못 하고 그 할머니 얼굴만 바라보았다. 다른 물건들은 1등, 2등 외에 여러 사람이 있었지만, 우리 물건은 단 두 사람이었다.

무거운 발걸음으로 제자리로 돌아왔다. 아버님과 나는 의아한 눈빛으로 서로 바라보았다. 나는 오로지 집 생각뿐이라 다른 사람들 동향을 파악할 여력이 못되었다. 아버님이 그 할머니를 유심히 쳐다보고 있었다고 했다. 할머니가 웬 젊은 남자하고 같이 나가는 것을 보았다고 했다. 나는 한동안 경매장을 나오지 못하고 멍하니 앉아 있었다. 아버님과 같이 경매장을 빠져나오는 발걸음은 무겁기만 했다. 나는 마음이 허탈했다. 도대체 우리 물건을 산 사람이 누군지 더욱 궁금해졌다. '도대체 누구야?' 다리는 걷고 있지만 마음은 붕 떠 있었다. 아버님이 뭐라고 위로의 말을 하는 것 같은데 내 귀에는 들리지 않았다. 법원 대문을 나오면서 하늘을 바라보았다. 하늘은 맑아 보였다. 그러나 내 마음은 어두웠다.

그동안 집 문제로 신경 쓰고 돈을 들여가면서 했던 노력이 물거품이 되어버렸다.

'어떡해야 하지?'

참담했다. 아침 일찍부터 준비해서 법원 가고 경매가 끝나니 점심 시간이 되었다. 서울중앙지방법원 근처 식당으로 아버님과 같이 식사하러 갔다. 나는 점심이 먹고 싶지 않았지만, 아버님이 식사를 해야 될 것 같아 식당으로 들어갔다. 그때 갈비탕을 시켰던 것으로 생각난다. 아버님은 나보고 밥이라도 먹으라고, 먹고 나서 다시 생각해보자고 하셨다. 아버님은 갈비탕을 잘 드시는 것 같았다. 하지만 나는 밥이 입으로 들어가지 않았다. 모래알을 씹는 느낌이었다. 나는 점심을 먹는 둥 마는 둥 조금밖에 못 먹었다. 그래도 아버님이 법원까지 같이 오셔서 해주셨으니 내가 점심값을 계산했다.

그렇게 아버님과 헤어지고 나는 지하철을 타고 집으로 왔다. 이 글을 기록하면서 그때 생각하면 자꾸 눈물이 난다. 지금 통영이다. 서울 가는 차를 놓쳐서 시간이 많이 남아 카페에서 책 쓰기를 하고 있다. 훌쩍훌쩍하면서 타이핑을 하는 모습에 카페 주인이 이상하게 볼 수도 있다.

집으로 왔지만, 마음은 허탈하고 일이 손에 잡히질 않았다. 나는 힘도 없고 방에 드러누워 있었다. 애들이 학교 갔다 왔지만 반겨줄 마음이 안 되었다. 계속 눈물만 나왔다. 우리 딸이 엄마 왜 울어 왜 울어 하고 물었다. 나는 딸에게 무슨 말을 해야 할지 생각이 안 났다. "우리 집 다른 사람이 사버렸어." "우리 이사가야 될지도 몰라." 아이들은 이 말을 이해했었을까? 그리고 남편한테서 전화가 왔다. 어떻게 되었냐고 물어보았다. 나는 다른 사람이 우리 집을 샀다고 하였다. 남편도 내 말을 듣더니 목소리에 힘이 없었다. 남편은 속상해서 그날 저녁 또 술을 많이 마셨다고 하였다. 집은 들어오지 않았지만 남편도 집 걱정은 많이 했었나 보다.

다음 날부터 또 한의원으로 출근했다. 직원들에게 경매 낙찰을 못 받았다고 얘기했다. 우리 한의원은 직원들하고 가족처럼 지내다 보니 사생활도 다 얘기하는 분위기였다. 한번 들어오면 오래도록 같이 근무하였다. 그리고 평일에 간호사들끼리 돌아가면서 하루씩 쉬었다. 나는 쉬는 날도 편히 쉴 수가 없었다. 남편은 연락도 잘 안 되고 집에 안 들어오니 그냥 혼자서 집 문제를 알아보러 다녔다. 집 문제가 남아 있기에 계속 법원을 들락날락했다. 먼저 우리 집을 누가 샀는지 궁금하여 알아봤다. 경매한 물건이 있으면 그 물건에 관련된 사람들은 법원에 신청하여 서류를 열람할 수 있다고 하였다. 그때 법원 직원분이 내가 자주 왔다 갔다 하다 보니 내 사정을 알고는 "인상은 참 좋으신데 도와드릴 수 있는 방법이 없네요."라고 말했던 기억이 난다.

서류를 열람해보니 우리 물건을 산 사람은 우리와 같이 경매 진행을 하다가 도중에 하차한 B씨 엄마였다. B씨는 자기 이름으로 사면 들통나니까 엄마를 시켜서 엄마 이름으로 산 것이었다. 그것도 나이가 드신 자기 엄마를 앞세워 일을 저지른 것이다. 우리는 분명히 B씨한테 우리가 사는 집이라고 처음에 경매 진행할 때 말했었다. B씨도 하는 사업이 잘 안 되고 힘든 형편이었다고 한다. B씨가 경매로 살려고 한 물건이 취소되자 우리 것을 넘본 것이다. 하지만 아무 죄가 없는 우리한테 못 할 짓을 한 것일까? 이해가 안 되었다. 자기의 이익을 위해서 선량한 우리를 이용한 것이나 다름없다.

지금 생각하면 우리도 그때 너무 모르고 순진했었다. 경매에 대해서 잘 몰랐고 변호사 사무실에 가서 직접 찾아뵙고 더 알아봐야 했었다. 우리는 변호사 사무실만 믿고 순진하게 우리 것이 될 것으로 생각한 것이다. 그리고 그 변호사 사무실도 우리 물건에 관해서 다른 사람이 못 들어오게 해주었어야 했다. 그 변호사 사무실도 의문점이 들기는 한다. 나는 하나님께 기도했다. 사실 상황이 급박할 때는 기도가 잘 나오지 않는다. 기도할 마음도 안 생긴다.

'하나님 왜 저에게 이런 시련을 주시나요? 저 어떻게 해야 하나요?'

그나마 하나님께 기도하면서 마음의 안정을 찾아가기는 하였다. 기도하면 마음에 평안이 왔다.

2011년 1월은 내 주변에도 안 좋은 소식이 전해지면서 우울한 달이었다. 같이 일하던 한의원 샘의 남편이 갑자기 교통사고가 난 것이다. 그날 일요일 샘 남편은 축구를 좋아하여 의정부로 축구를 하러 갔다고 한다. 건널목에서 건너다가 버스에 치여 병원으로 옮겼지만 뇌사 상태가 되었다고 한다. 사고는 의문점이 많았다고 한다. 그리고 서울이 아니고 경기도 의정부라 사고를 목격한 사람도 찾기 힘들었다고 한다. 샘 남편은 뇌사 상태라 고민을 많이 하는 것 같았다. 병원에서는 살아날 가능성은 없다고 하여 장기 기증을 선택한 것 같았다. 샘이 불쌍해 보였다. 샘은 아직 50대 초반 남편은 이제 50대 후반이었다. 그나마 자녀들은 성인이라서 다행이었다.

그리고 또 불행한 소식은 전해져왔다. 같은 동네 친구 오빠가 교통사고가 난 것이다. 그 오빠는 바로 우리 집 옆집이라 잘 아는 오빠고 친구 오빠였다. 그날 회사 상사와 술을 마시고 집으로 간다고 무단횡단을 하다가 자동차에 치였다고 한다. 사고는 크게 난 것 같았다. 몸속 장기가 많이 파손되었다고 한다. 친구는 내가 하나님 믿는 줄 알고 있었기에 나에게 기도를 부탁하였다. 간절하였기에…. 나도 안타까운 마음이었다. '하나님 간절히 기도합니다. 오빠를 살려주세요, 오빠는 아직 너무 젊으십니다. 아이들 이제 초등학교 다니고 막내는 이제 세 살입니다. 하나님이 가정에 평안을 주세요.' 간절했었다. 그러나 하나님은 그 오빠를 데려가셨다. 하나님 나라 더 좋은 곳으로 데려가셨다. 불쌍해 보였다. 성실하고 착한 오빠였다. 장례식장에 오빠 부모님은 운다고 난리였다. 자식을 먼저 보내는 부모 마음은 얼마나 아프겠는가? 상주가 된 아내와 어린아이들, 아이들은 표정이 없어 보이고 모르는 낯선 어른들이 반갑지는 않았을 것이다. 그 오빠 장례날은 눈이 많이 내렸다. 날씨가 추웠다.

어차피 건물은 다른 사람이 사버렸고 우리는 이사를 해야 할지 그대로 살지가 고민이었다. 한의원 직원들은 그냥 거기서 살라고 하였다. 이사하는 것보다 거기서 사는 게 더 이득이라고 하였다. 이사 가봐야 월세 나가고 손해라고 하였다. 일단은 건물 산 사람하고 합의를 봐야 했다.

다시 전세 재계약을 하고 살기로 합의를 봤다. 그런데 얼마 후 B씨는 전세금을 올려 달라고 연락이 왔다. 나는 화가 났다. 처음에는 배려하는 척하더니 전세금을 올려달라고 하니 화가 났다. 우리 집을 뺏긴 것도 억울한데 전세금을 올려 달라고 하니 마음이 편하겠는가? 사실 B씨는 우리가 이사 나가기를 바랐던 것 같다. 그리고 나는 전세금 올려줄 여유도 못 되었다. 그래서 결정 내리기를 이사 나간다고 연락하였다.

B씨와 우리는 서로 감정이 예민해졌다. 우리가 조금 화를 내면 B씨는 더 화를 내는 것이었다. 이사하려니 당장 집을 알아봐야 했다. 경매된 물건은 법원에서 우편물이 계속 온다. B씨가 법원에다 신청하는 것일 수

도 있고 법원에서는 명도를 해야 하니 우편물을 자꾸 보내는 것이다. 그리고 주위에서 들리는 말은 우리가 이사하지 않으면 법원에서 강제 이사 명령을 내릴 수 있다고 하였다. 그 말을 들으니 소심한 나는 마음이 쫄아들었다. 2011년 1월부터 7월달 이사하기까지 나는 계속 직장 쉬는 날은 법원을 왔다 갔다 하고 이사할 집을 알아보러 다녀야 했다. 이사하기로 마음 먹었지만 시댁에서 도와줄 형편도 안 되고 친정집에서 도와줄 형편도 안 되었다. 나는 시간이 있는 대로 교회에서 기도를 열심히 하였다. 그때는 믿음이 약하여 모든 것을 하나님께 의탁하지 못했다. 지금도 길음동 땅 문제를 놓고 열심히 기도하고 있다. 기도하고 하나님 말씀을 읽으면 기쁘고 마음에 평화가 오고 행복하다.

# 03

# 내가 행복하다고
# 생각하는 것을 선택하라

결혼 전 직장 생활하던 1992년 집을 리모델링하기로 하였다. 내가 초등학교 다니던 시절에는 허름한 집이었다. 큰 채와 작은 채가 있고 큰 채는 방이 두 개에다 부엌이 있었다. 작은 채는 변소와 작은 창고에 염소를 키우고 있었다. 나는 초등학교 수업이 끝나면 염소를 몰고 산 밭두렁에 몰고 다니면서 풀을 뜯어 먹이고는 했다.

염소가 풀을 많이 먹고 배가 불룩해지는 모습에 기분이 좋아졌다. 염소가 새끼를 낳는 날은 기쁨으로 가득하였다. 염소 새끼들이 팔짝팔짝 뛰는 모습은 엄청 귀여웠다. 사랑스러웠다.

그리고 초등학교 때까지만 해도 산에서 나무를 해다가 밥을 해 먹고 겨울에는 장작으로 군불을 때고 했다. 사실 산에 가서 땔깜을 해다 오는 것도 힘든 노동 중의 하나였다. 하지만 그 시절에는 으레 다 그렇게 살았기 때문에 힘든 줄도 모르고 살았던 것 같다. 그리고 중학교 가면서 같은 동네 조금 더 넓고 괜찮은 집으로 이사를 하였다. 직장 다니던 시절 출근하려고 아침에 머리 감으려면 앞마당 밖에서 머리를 감아야 했다. 겨울에는 진짜 추워서 머리 감기 싫을 정도였다. 머리를 감으려면 솥에다 물을 데워서 찬물하고 섞어서 감았다. 화장실은 푸세식으로 냄새나고 앉아 있다 보면 다리가 아파져 온다. 1992년 동네에서 처음으로 우리 집을 리모델링하게 되었다. 집 뼈대만 남기고 방은 그대로 두고 부엌을 입식 부엌으로 바꾸고 화장실도 수세식 변기로 바꾸었다.

군불을 때지 않아도 되는 보일러도 설치하게 되었다. 그때 당시 비용이 천만 원 정도 들었다. 나는 또 가만히 있을 수 없어 내가 7백만 원 정도 보태게 되었다. 은행 생활을 하면서 모아둔 돈이 있었다. 나는 엄마가 항상 저축을 많이 하는 모습을 보고 자라서 월급을 받으면 저축을 먼저 하고 나머지로 용돈을 썼다. 그리고 부엌 싱크대는 둘째 오빠가 했다. 나는 크면서 옷을 거의 얻어다 입고 새 옷을 사 입지 못했다. 내가 생각해도 착하게 큰 것 같다. 한 번씩 명절날은 엄마가 새 옷을 사주기는 하셨다. 내가 초등학교 때까지만 해도 옷을 보따리에 이고 팔러 오는 아줌마가 있었다. 고등학교를 졸업하고 직장 다니면서 성격상 사치하는 성격이 아니라 옷이나 가방 신발 이런 것을 비싼 거는 구매를 안 했다. 한 번씩 메이커 있는 옷을 구매하기는 했다. 그때는 여성 의류 중 조이너스, 꼼빠 니아가 최고였다.

그렇게 대공사로 집을 리모델링하니 뜨거운 물 팍팍 나오고 화장실도 쭈그려 앉지 않아도 되고 너무 좋았다. 옛날엔 동네에서 우리 집이 못 사 는 집이었지만 집을 리모델링하니 제일 잘사는 집으로 바뀌었다. 우리 집을 리모델링하고 나니 다른 집들도 하나둘씩 집을 리모델링하는 추세 가 되었다. 내가 결혼하기 전까지 제일 잘한 것이 집을 리모델링해준 거 로 생각한다. 부모님께 최고 효도한 것으로 생각한다.

나는 결혼하고 나서 서울에 살면서도 내 집에 대한 욕심이 있었다. 애 들이 크면 교육비도 많이 들어가고 하니 애들 어릴 때 빨리 내 집을 마련 하고 싶었다. 그 당시 신혼집은 시댁에서 전세로 마련해주셨다. 빌라인 데 방 2개에다 부엌, 욕실, 앞뒤 베란다가 있었다. 18평 정도 작은집이었 다. 그런데 집이 꼭대기 4층이라 여름에는 덥고 겨울에는 추웠다. 그리 고 큰방은 창이 너무 크게 돼 있어 겨울에는 꽤 추웠다. 가스도 도시가스 가 아니라 가스가 떨어지면 주문을 해야 했다. 빌라 뒤에는 항상 가스통 이 많았다.

첫애가 있을 때만도 괜찮았지만 둘째가 생기니 집이 좁아 보였다. 나는 결혼하기 전 저축하는 습관이 결혼하고 나서도 계속 남편 월급으로 먼저 저축하였다. 국민은행 주택청약 저축도 하고 다른 적금도 넣는 것이 있었다. 집에서 살림하고 애들 기르다 보니 나 자신한테는 투자 안 하면서 적금 넣는 재미로 살았다. 삼성생명 보험을 넣는 것이 있어 회사에서 가계부가 나왔다. 가계부를 그냥 둘 수만 없어 적게 되었다. 내가 직장 다니고 싶어도 애들을 맡길 데가 없었다. 시댁에서 누가 봐줄 사람도 없고 친정은 너무 멀리 있었다. 애들 옷도 많이 사 입히지 못했다. 집은 위치가 약간 오르막이라 애들 키우면서 유모차도 못 밀고 다녔다. 큰애는 사립유치원을 보내게 되었고 둘째는 빌라 옆에 있는 초등학교 병설유치원을 다니게 되었다. 그렇게 몇 년을 적금 넣다 보니 몇천만 원이 모였다. 나는 애들 교육도 하면서 아파트에 관심이 많았다. 신문지나 전단 같은 거 오면 관심을 가지고 보게 되었다.

내 생각에 집 전세금 3천만 원하고 모은 돈 하고 아파트를 사려면 어차피 대출을 끼고 사니까 해볼 생각이었다. 어느 날은 경기도 안양에 분양하는 모델하우스를 보러 갔다. 나는 아파트 모델하우스 구경하는 것을 좋아한다. 요즘은 유튜브로 모델하우스 보여주는 것이 있어 즐겨본다. 모델하우스를 보면서 마치 내 집인 양 상상을 한다. 그렇게 기분이 좋아지면 행복이 아닌가? 그러나 남편한테는 그렇게 사는 것이 부담이 된 것 같았다. 남편 용돈을 넉넉히 주지 못했다. 그래도 남편은 불만하지 않고 잘 지내었다. 그대신 남편한테는 결혼 3년차에 차를 사주었다. 내가 은행 퇴직하면서 받은 퇴직금으로 아반떼를 사주었다. 남편은 차를 갖고 싶어 했다. 그날 차를 사고 새 차를 강남에서 강북까지 운전해오던 날이 생각난다. 남편은 운전면허 딴 지 얼마 안 된 때였다. 새 차를 운전해오느라 얼마나 조심스러웠을까?

그러던 2000년 초에 아파트 분양하는 광고를 보고 모델하우스를 남편과 함께 가게 되었다. 남편은 별 내키지 않는 눈치였지만 내가 가보자고 하여 같이 가게 된 것이다. 분양이 거의 되고 미분양이 남아 있었다. 26평이었는데 그때 당시 분양가가 1억 정도였다. 담당자가 미분양이라 좀 싸게 해준다고 하여 계약을 하게 되었다. 계약금 천만 원을 내고 계약을 하였다. 지금은 아파트값이 엄청나게 올라서 비교가 안 되지만 그 당시는 지금에 비하면 싼 편이었다. 그때만 해도 나는 내 집이 생긴다는 기쁨으로 가득했다. 그렇게 계약하고 남편과 아이들과 집으로 왔다. 그 아파트 계약이 쭉 이어갔으면 좋을 텐데 그다음 해 아파트를 팔게 되었다.

그해 가을부턴가 남편의 이상한 느낌과 집에 계속 안 들어오면서 싸우게 되었다. 나 혼자 너무 욕심내어서 남편을 힘들게 한 것 같아 팔아버렸다. 남편과 상의도 없이 다음 해 팔아버렸다. 지금 생각하면 참 아깝다는 생각이 든다. 계속 놔뒀으면 엄청 재테크가 되었을 텐데.

애들은 커가고 집 문제가 복잡하여 이사할 수도 없어 계속 그 집에서 살았다. 몇년 후 길음동은 뉴타운 지역으로 지정되어 재개발 붐이 일고 있었다. 우리 빌라 단지 밑으로 재개발되면서 아파트 단지가 조성되었다. 애들 친구들은 거의 아파트에 사는 친구들이었다. 아들이 하루는 하는 말이 "엄마, 우리도 아파트 이사 가자." "아파트에서 살고 싶다."고 하였다. 내가 하는 말이 "응. 우리도 몇 년 뒤 아파트 이사할 거야."라고 말하였다. 우리 애들은 초등학교 때는 친구들을 집으로 데려오더니 중, 고등학교 때는 아예 친구들을 집으로 초대하는 일이 없었다. 애들도 사춘기라 우리 집이 초라하게 생각되었나 보다.

내가 초등학교 저학년 때까지 살던 동네는 차가 없었다. 충무 시내로 들어가려면 객선을 타고 다녔다. 하루에 오전에 한 번 오고 저녁때쯤 한 번 온다. 객선을 타려면 또 작은 배를 타고 객선 있는 곳까지 가서 탄다. 그때 작은 배를 운전하던 할아버지가 생각난다. 그때는 우리가 살던 곳이 섬이었다. 초등학교 3, 4학년부터 도로가 생기기 시작했다. 불도저가 오면서 산의 나무를 전부 깎으면서 길을 내기 시작했다. 그리고 동네 사람들은 동네 단체 일을 해야 했다. 한 집에 한 사람씩 나와서 길을 내는 일에 동참해야 했다. 동네 이장이 있고 새마을회장이 있었다. 새마을회장은 주로 동네 일거리 있을 때 항상 앞장서서 일을 주도했다. 한 집당 사람이 나왔는지 출석 체크를 꼭 했다. 동네 도로가 나면서 사람들이 힘들게 한 만큼 차가 들어오게 된 것이다. 그리고 중학교까지만 해도 도로는 비포장 길이어서 차가 지나가고 나면 흙먼지가 많이 나곤 하였다. 버스 안내양 언니가 있어 차비를 현금으로 주고받고 하였다. 안내양 언니 주머니는 항상 동전과 지폐로 불룩하니 튀어나왔었다. 사람들이 많은 날은 안내양 언니는 차 문에 거의 매달려서 갈 때도 있었다. 나는 안내양 언니가 떨어지지나 않을까 걱정되기도 했다.

초등학교 소풍 가는 날은 한산도에 배를 타고 갔었다. 한려해상국립공원인 통영의 명소 한산도 제승당 소풍 가는 날이 제일 좋았던 것 같다. 한산도 제승당은 초등학교 소풍 장소 중에 제일 많이 갔던 곳이다. 초등학교 소풍 가는 날은 부모님들도 동참해서 온 가족이 여행하는 기분이었다. 엄마와 숙모와 내가 찍은 사진이 있다. 큰 배를 타고 갔다 오던 길에 파도가 심하게 치는 바람에 내가 멀미를 심하게 해서 토했던 기억이 난다. 엄마가 맛있게 싸 오신 점심을 먹고 이순신 장군의 정기를 마음껏 마시고 오는 날은 행복했었다.

**04**

# 자신을 먼저 아는 것이 필요하다

새벽 잠결에 앞 동에서 차 소리가 나면서 웅성웅성하는 소리가 들렸다. 2008년 8월 초 바로 마주 보는 앞동 거제 언니가 돌아가신 것 같다. 마음이 아팠다. 그저께만 해도 그 언니한테 갔다 왔었다. 거제 언니는 유방암 말기로 집에서 요양 중이었다. 그저께 갔을 때 그 언니는 안방 침대에 누워서 움직이지도 못하고 있었다. 말기 암으로 온몸에 암이 퍼져서 대소변을 받아내고 있었다. 움직일 수 없으므로, 내가 갔을 때 언니는 겨우 사람은 알아보고 말은 했었다. 몸은 바싹 말라서 뼈만 남은 상태였다. 움직이지를 못하니 기저귀를 밑에 깔고 있었다. 방에는 찌린내 같은 냄새가 났다. 나보고 기저귀를 좀 갈아달라고 하였다. 나는 생전 아픈 사람 병간호를 해보지 않아서 아랫도리를 보기가 민망했다. 언니는 의식은 있는데 몸을 움직이지 못하니 "내가 이렇게까지 살고 싶지 않았는데."라면서 눈물을 흘렸다.

언니는 자기만의 고집이 있어서 병원에서 요양할 수도 있었는데 병원에서 죽는 게 싫다면서 집에서 요양 중이었다. 그저께 갔을 때 거제 언니는 마지막으로 살고 싶은 마음에 나에게 부탁을 하였다. 언니의 머리카락 자른 거 하고 또 뭐가 있었는데 생각은 안 나지만 그것을 자기 친정 오빠에게 부쳐달라고 부탁을 하였다. 언니는 특정 종교는 없었고 미신을 많이 의지했었다. 주위에서 암이라는 말을 듣고 하나님을 믿으라고 했지만, 그 언니는 자기 고집으로 하나님을 믿지 않았다. 언니는 똑똑했었다. 인정이 많아서 남들한테 베풀기를 잘하고 말도 잘했다.

언니는 자기가 이 세상 없을 때 자기 자식들이 기죽고 살까 봐 용돈을 많이 주었다. 서울역 간 김에 언니가 부탁하길래 언니 딸 옷을 사주었다. 그때 현금으로 30만 원을 받은 거로 언니 딸 옷을 사주었다.

언니는 돌아가시기 전 평소에 자기 남편이 혼자될 것을 알고 나보고 자기 남편하고 살라고 말했었다. 내가 착하다고 그런 말을 하였다. 그때도 나는 남편과 서류상 이혼은 안 했지만 애들하고 혼자 살고 있었다. 아마 내 사정을 알고 언니의 진심인지 농담인지 그런 말을 하였다. 나는 그

말을 흘려들었다. 거제 언니와의 인연은 내가 서울에서 신혼생활 하면서 첫째 아들이 세 살 때쯤 빌라 앞에서 우연히 마주치면서 인연이 되었다. 언니 아들은 그때 다섯 살이었다.

고향이 같은 통영과 거제라서 더 친근감이 갔었다. 말투도 비슷하고 언니는 친근감 있게 잘해주니까 서로 친하게 지내게 되었다. 나는 통영에서만 살다가 결혼하면서 서울로 와서 주위에 아는 사람도 없고 낯설었다. 남편이 좋아서 남편 하나 믿고 아무 연고도 없는 서울까지 온 것이다. 그러고 보면 사랑의 힘은 대단한 것 같다. 사랑하는 사람이 있으니 통영과 서울이 가까워 보였다.

그렇게 거제 언니와 서로 집으로 왔다 갔다 하면서 점심도 같이 먹으면서 친분을 쌓아갔다. 또 같은 동네 애기엄마들이랑 어울리게 되었다. 아이들이 고만고만 비슷한 또래의 엄마들이랑 친하게 되었다. 그리고 언니는 둘째 딸이 태어나고 네 살 때쯤 유방암이라고 판정받았다. 암이라고 하자 언니는 부지런히 운동하였다. 새벽에 일어나서 테니스 운동을 하는 것 같았다. 우리가 살던 빌라 바로 옆에 초등학교가 있었다. 운동도 열심히 하고 식이요법도 하면서 잘 이겨내고 있었다. 그러나 언니는 수술을 하지 않았다. 자기의 고집으로 수술을 거부하고 민간요법으로 치료를 하겠다고 한 것이다. 그렇게 암 진단받고 거의 7, 8년을 사신 것 같다.

장례식장을 갔었다. 한복을 입은 영정사진에는 밝게 웃고 있었다. 불쌍하고 가엾어서 눈물이 났다. 거제 언니 딸을 보니 더 눈물이 났었다. 우리 딸보다 한 살 적은데 친구로 지냈다. 엄마 없이 세상을 살아갈 생각하니 가엾어 보였다. 내가 울면서 다독여주고 좋은 말도 해주었다.

보통 사람들은 살아가면서 자신의 건강은 괜찮을 것으로 생각하며 살아간다. 남들이 건강이 나빠지고 암에 걸리고 하는 일은 내 일이 아니라고 생각하는 경우가 많다. 평소에 건강검진도 잘 받지 않고 살아간다. 그러다 가까운 주변에서 건강이 나빠지고 일이 일어나면 정신을 차리기도 한다. 먼저 자기 자신 건강을 제일 먼저 챙기는 것이 우선순위다.

2005년 나는 보험 영업을 했다. 그날도 나는 고객을 만나려 종로에 가 있었다. 저녁 다섯 시쯤 막내오빠한테서 전화가 왔었다. 큰오빠가 유명을 달리했다고 소식을 들었다. 그때 나는 내 몸의 일부가 없어지는 듯한 아픔으로 정신이 멍해졌다. 잠깐은 아무 생각이 없었다. 그리고는 막 눈물이 흘렀다. 다른 사람 볼까 봐 건물 안으로 들어가 사람들 없는데서 그냥 울었다. 예상은 하고 있었지만, 막상 오빠가 돌아가셨다고 하니 발길이 떨어지지 않았다.

집에 들어오지 않는 남편한테 연락은 했다. 남편과 전화하는 것도 서먹했다. 평소 전화하면 잘 받지도 않고 떨어져 살다 보니 서먹서먹했다.

남편은 부산으로 출발하자고 하였다. 일단 사무실로 들어가서 오빠가 돌아가셨다고 말하였다. 육성 팀장님이 내 소식을 듣고는 잘 다녀오라고 하면서 부조를 해주셨다. 그때 신경을 써주신 육성 팀장님이 참 고마웠다. 육성 팀장님은 우리 영업사원들을 관리하고 교육하는 분이시다. 그리고 남편과 아이들과 밤에 부산으로 출발하였다. 내려가는 차 안은 분위기가 왜 그리 냉한지, 남편과 사이가 서먹했고, 오빠가 돌아가시니 분위기 또한 싸늘했다. 부부끼리 할 말도 없고 나도 말수가 별로 없는 편이라 차 안은 계속 조용한 분위기로 달렸다.

큰오빠는 4년 전 위암 진단을 받았다. 나는 결혼하고 7년까지는 그냥 그렇게 살았다. 지금 생각하면 그때가 젤 행복한 시간이었다. 안 좋은 일은 한꺼번에 닥치기 시작했다. 남편이 집으로 들어오지 않으면서 멍한 상태였는데 큰오빠가 위암 진단을 받은 것이다. 오빠는 왜 그렇게 건강 관리에 소홀했을까? 오빠 자식들은 세 명이나 있는데 그것도 이제 막 초등학교 학생들이다. 엄마, 아버지가 8년 만에 자식을 봐서 마냥 귀엽게만 키워서 그런지 큰오빠는 좀 철이 없었던 것 같다. 집안의 장남인데도 장남 역할을 못 했다. 큰오빠와 내가 거의 9년 차이니까 오빠 고등학생 때는 내가 초등학교 저학년이었다. 내가 어렸을 적 생각나는 것이 새벽 잠을 자고 있는데 엄마는 큰오빠에게 하얀 밥을 해서 물 말아서 먹이고 학교를 보내던 기억이 난다. 큰오빠는 공부 쪽은 아니라서 거제수고를 다녔다. 그것도 큰오빠는 하숙을 해주었다. 엄마는 큰아들이라 그랬는지 최선을 다해준 거 같다.

하지만 오빠는 아버지 따라 배를 탔다. 원양어선을 탔다. 배에서 일하는 것도 스트레스를 많이 받았나 봤다. 외국으로 나가면 몇 년 만에 집으로 왔다. 내가 은행에 다닐 무렵 오빠 살림을 시골에서 차렸다. 신혼인데 애기도 있고 얼마나 집으로 오고 싶었겠는가? 한 번씩 국내로 오는 날도 오빠는 집에만 있지 못하고 밖으로만 돌아다녔다. 사람들 만나서 술을 사주고 밥을 사주고 남들한테 대접을 잘했다. 그것도 오빠는 통 크게 회 종류 이런 거로 남 대접을 했다. 가정은 잘 돌보지도 않고, 아버지의 성격을 많이 닮았다.

둘째 오빠한테 얘기 들어보면 큰오빠는 클 때도 동생들 돌볼 생각은 안 하고 밖으로만 맴돌았다고 한다. 엄마가 없는 날은 동생들을 챙겨야 하는데 집에 없으니 둘째 오빠가 동생들을 챙겼다. 둘째 오빠는 성격이 차분하고 야무지다. 고등학교 진로를 좀 더 신경을 써주었으면 둘째 오빠는 공무원 쪽으로 나가지 않았을까 싶다. 큰오빠는 자기가 하고 싶은 게 있으면 통제가 안 될 정도로 다해야 하니 술에다 담배는 줄담배를 피웠다고 한다. 그러니 우리 집안이 위가 약한 편인데 암이 온 것이다. 큰오빠 암 투병 중에도 나는 서울이라 자주 부산으로 내려가 보지도 못했다. 돌아가시기 얼마 전 내려갔을 때는 뼈만 앙상하게 있었다. 특히 위암 같은 경우는 음식을 제대로 먹지 못하기 때문에 사람이 더 말라가는 것 같다. 오빠 영정사진을 보는데 인상이 왜 그렇게 찌그러져 있는지. 특히 마음이 서글펐던 거는 오빠 시신이 운구차 밑으로 실려서 갔다는 것이 마음에 걸렸다. 요즘은 장례를 치르면 운구차가 따로 앞에 가고 그 뒤에 가족 차가 따르는데 그때 오빠의 장례 치르던 모습이 마음에 걸렸다. 아마도 돈이 없어서 그랬을 것이다. 입원해 있는 동안 병원비도 많이 나왔을 것이다. 그리고 화장터에서 화장할 때 사진이 쭉 있는 중에 다들 나이가 드신 분들이었는데 오빠가 제일 젊은 사람이었다. 오빠 나이가 45세였다. 그 사진을 보는데도 마음이 아팠다. 화장하는 시간은 왜 그렇게 길게 느껴지던지.

지금은 조카들이 성인이 되어 결혼할 나이가 되었다. 아빠 없이 경제적으로 힘들었을 텐데 잘 커주어서 고맙다. 올케언니가 사느라 힘들었을 것이다. 나도 내가 먹고살기 바쁘니 조카들 챙길 여유가 못되었다. 거리가 멀다 보니 자주 가볼 수도 없고, 하지만 몇 년은 내가 매달 10만 원씩이라도 보냈었다. 그때는 남편으로부터 생활비를 받고 있었다. 올케언니에게 조금이나마 보탬이 되고 싶었다. 그리고 조카 대학교 등록금 하라고 그때 당시 내가 넣던 적금을 깨서 100만 원을 보냈다. 조카들에게 항상 미안한 마음이다. 14년도 울 아들 입대할 때 막내 조카도 비슷하게 군

입대를 하였다. 다 커서 입대를 한다는 것이 대견했다. 잘 커준 것에 대한 고마움, 고모로서 해줄 건 없고 부대로 편지를 보냈다. 그런데 조카는 잘 받았다는 전화도 없었다. 그게 내심 서운했다. 나는 꼭 성공해서 올케 언니한테 작은 빵 가게라도 차려주고 싶다. 힘들게 살아온 보답을 하고 싶었다. 가난하게 사는 것이 싫었다.

## 05

# 이 순간에 내가 정말
# 원하는 것이 무엇일까?

2011년 1월초 드디어 우리가 살던 집을 경매로 사게 되는 날이었다. 우리가 살던 건물을 우리 건물(명의)로 만들려고 1년전 법원에 경매 신청을 해놨었다. 물건이 한번 시장에 나올려면 거의 1년은 걸리는 것 같다. 1년전 변호사 사무실에 신청을 하고 가끔 전화로 진행상황을 물어보았다. 나는 전화할때마다 빨리 진행이 안 되는지 애가 타는 마음이었다. 빨리 내 집이 되었으면 하는 마음이었다. 그 기다리는 시간은 10년을 기다리는 마음이었다. 그때는 경매에 대해서 잘 모를 때였다.

왜 내가 살던 건물을 경매로 사게 되었을까? 그 이유를 말하자면 사연이 많다. 결혼을 하면서 시댁에서 이 빌라를 전세로 마련해주셨다. 나는 처음에는 이 빌라 사정이 어떻게 되는지 몰랐다. 결혼 생활을 하면서 사정을 조금씩 알게 되었다. 그때는 초원빌라라는 회사하고 전세계약을 하였다. 건물은 건축허가가 안 난 상태였다. 건물 토지는 경은금고라는 회사에 저당이 잡혀 있었다. 건물을 짓던 업자들이 자금이 없으니까 땅을 저당잡혀 자금을 쓴 것 같았다. 우리가 살던 빌라는 총 19세대였다. 평수는 넓지가 않은 18평대에서 20평대였다. 건축주는 건물에 사람들이 와서 살고 있으면 건축허가가 난다고 하여 좀 싸게 전세를 내놓은 것 같았다. 그렇게 몇 년을 살아도 건축허가는 나지 않았다.

우리가 살고 8년 되던 해 경은금고에서 연락이 왔다. 그러면 살고 있는 사람들이 땅을 사라고 하였다. 그래서 빌라 살고 있던 분들 단체로 경은금고에 가서 땅을 사게 되었다. 경은금고에서 대출을 일으켜서 우리에게 판 것이다. 나는 그때 어떤 내용인지 확실히 모르고 사람들이 하니까 얼떨결에 따라서 한 것 같다. 남편과 사이가 나빠지면서 온전한 마음이 아니었다. 하지만 땅 사는 문제는 남편도 허락하여 땅을 사게 되었다.

그때만 해도 나는 부동산에 대해서 전혀 몰랐다. 땅값이 어떻고 집값이 어느 정도인지 정보가 없었다. 내 집을 마련하고 싶은 욕심은 있었지만 부동산 지식은 없는 편이었다. 한 사람당 천만 원 정도 주고 땅을 산 것이다.

2001년이었으니까 서울에서 엄청 싸게 산 것이다. 또 그때는 모르고 산 것이 땅을 공동명의로 산 것이었다. 땅을 개별적으로 샀으면 지금 내가 힘들지 않았을 텐데 땅이 공동명의로 되어 있어 여러 가지로 제약이 많았다. 땅을 담보로 대출을 할 수도 없고 뭘 한 가지를 하려면 공동의 동의가 있어야 처리할 수 있었다. 또 그때는 남편이 속썩이던 때라 뭘하든 멍한 상태였다. 하지만 남편도 땅을 사는 것은 알고 있었다. 천만 원 대출해서 매달 갚아가는 할부금을 남편이 내주었다. 집에는 잘 안 들어왔어도 책임감은 있었다.

그렇게 땅을 사고 2005년 우리 건물들이 강제 경매에 들어갔다. 아마도 확실히는 모르지만 건설업체와 연관된 사람이 건물을 강제 경매 신청한 것 같았다. 그때 경매로 우리 빌라 건물을 산 사람들도 사기를 당한 것 같았다. 건물을 사면 이익을 많이 볼 것이라고 경매 신청한 사람 말을 듣고 산 것 같았다. 그리고 우리 빌라 살고 있던 사람들이 법원에 갔을 때는 이미 건물을 사버린 상태였다고 한다. 나는 그때 경매가 뭐고 건물이 왜 경매 당한지에 대해서 1도 몰랐다. 시골에서 살다 서울 올라왔으니 부동산에 대해 몰랐다.

다행히 우리는 아버님이 신경을 써주셔서 다시 우리 건물을 산 사람하고 전세 재계약을 하고 살았다. 주인이 초원빌라에서 개인으로 바뀐 것이다. 그러나 그때 다른 사람들은 경매 들어가면서 무슨 무슨 사유로 전세금도 못 받고 쫓겨나가는 사람들도 있었다. 전세금이 다들 우리와 비슷하게 3천만 원 정도 된 것 같다. 우리 살던 옆 집은 총각 혼자 살았는데 전세금을 못 받게 되자 총각 엄마가 충격으로 쓰러지셔서 돌아가셨다고 하였다. 어떤 집은 이사를 안 나갈려고 버티고 버티다 화가 나서 베란다 샷시해놓은 것을 다부숴버리고 나간 사람도 있다. 베란다 샷시도 자기들 돈 주고 해놓은 건데 이사 가야 하니 홧김에 다 부숴버리는 것 같았다. 그때 강제경매로 전세금도 못받고 엄청 손해 본 사람들이 많았다.

그리고 2년 뒤 우리 땅 주인들이 건물주들에게 지료청구소송을 하였다. 사실 건물주들은 자기네 땅도 없으면서 건물만 갖고 있는 것이다. 그렇게 우리 땅 주인들은 함께 변호사 사무실에 의뢰하여 지료청구소송을 하는데도 2년 넘게 걸렸다. 사실 나는 지료청구소송할 때도 정확히 어떤 내용인지 모르고 하게 되었다. 시간이 지나고서야 알게 되었다. 지료청구소송은 201호 아줌마의 주도로 하게 되었다.

소송 중간중간 법원에서는 건물주들과 땅 주인 간에 서로 합의하기를 통보하기도 했다. 땅 주인들이 건물주에게 7천만 원에 팔라고도 하였다. 하지만 우리 땅 주인들은 7천만 원보다 더 받을 수 있는데 싸다고 생각하여 합의를 하지 않았다. 결국은 지료청구소송을 하고 3년 걸려서 건물주들로부터 땅세를 받게 되었다.

건물주로부터 땅세를 받았지만 공동으로 지료청구한 것이라 땅주인들끼리 똑같이 배분하였다. 그때 2백만 원 정도 받은걸로 생각된다. 2009년 어느 날 남편이 집으로 왔었다. 집을 이사갈수는 없고 리모델링을 해서 살자고 하였다. 큰방이 꽤 넓어서 방을 두 개로 만들 수도 있었다. 남편이 아는 사람 소개로 인테리어 하는 분이 오셔서 견적을 뽑아보았다. 견적내는 데도 시간이 꽤 오래 걸렸다. 나는 직장 다니고 퇴근한 시간이라 피곤하기도 하고 눕고 싶은 마음이 간절했었다. 체력이 약한 탓이었다. 견적을 보긴 했지만 건물이 우리 명의가 아니었다. 우리 건물이 아니라 우리 마음대로 건물을 리모델링할 수가 없었다. 그래서 집주인한테 연락을 해서 건물을 우리한테 팔라고 연락을 하였다. 하지만 집주인이 연락이 안 되었다. 아버님이 집주인을 찾아갔지만 만나지도 못했다고 하였다.

그러나 우리 집주인은 지료청구소송에서 지료를 지불하지 않았다. 이런 경우 지료를 지불하지 않으면 경매처분을 할 수 있다고 하였다. 어차피 집주인은 연락도 안 되고 우리 살던 건물을 경매처분을 하기로 결정을 내렸다. 그러나 또 변호사 사무실에 의뢰하려면 비용이 만만치가 않았다. 마침 우리와 같은 처지로 땅지분만 있고 건물이 없는 A씨가 있었다. 우리는 403호였고 203호 건물주도 지료를 내지 않았다. A씨는 203호를 경매로 살려고 하고 우리는 403호를 사려고 하였다. 비용을 똑같이 부담해서 A씨와 같이 경매 소송을 하게 되었다. 먼저 지료청구소송하던 변호사 사무실에 의뢰를 하였다. 경매소송도 거의 1년은 족히 걸렸다. 하지만 경매소송 도중 문제가 생겼다.

A씨가 사려고 했던 203호에 살던 분이 경매취소신청을 한 것이다. 자연히 A씨는 건물을 살 수 없는 상황이 된 것이다. 그리고 A씨와 같이 소송할 때 403호는 우리가 살고 있다고 하였다. 그러나 불행의 씨앗이 자라고 있는 줄을 우리는 상상도 못 했다. 나는 우리 살던 건물이 우리의 소유가 될 것이라고만 생각했다. 설마 이 같은 복잡한 물건을 누가 사려고 할까 하는 걱정이 반은 되었다. 경매소송을 하던 1년은 지루하기만 했다. 또 우리 살던 집이 경매에 나오니 입주자들을 위한 우편물들이 여기저기서 왔다. 그중에 한 변호사 사무실에서 온 우편물이 내 마음을 감동시켰다. 그 우편물은 평범한 우리들이 이해할 수 있게끔 자세하게 설명을 해준 우편물이었다. 나중에는 이 변호사 사무실 사무장과 친하게 되었다. 여러가지 물어보거나 상담을 하면 친절하게 설명을 해주었다.

나는 일하면서도 궁금할 때 항상 경매를 담당했던 변호사 사무실 사무장에게 물어보곤 하였다. 하지만 우리가 너무 순진했던 것이 변호사 사무실에 가서 직접 찾아뵙고 상담을 받지 못했다. 몰랐던 것 같다. 그 전 지료청구를 할 때 변호사 사무실이라 우리는 믿고 맡겼다.

드디어 2011년 1월초 물건이 경매 시장에 나오게 된 날이다. 내가 다니던 한의원은 일주일에 평일 하루를 쉴 수가 있었다. 경매날은 특별히 얘기를 해서 그날 쉬는날로 정했다.

건물은 평수가 크지 않아서 감정가가 5천만 원이었다. 나는 내 생각에 이 건물은 누가 사지 않을 테니 처음에 사지 말고 두 번째 가격이 내리면 살까하는 마음도 있었다. 경매날은 아침부터 분주했다. 난생처음 법원가서 경매를 해보는 날이다. 계약금은 감정가의 10%를 걸어야 돼서 5백만 원이 있어야 되었다. 계약금은 남편이 어떻게 구해서 나한테 보내주었다. 그날은 지하철을 타고 가면서 남편과 통화를 하였다. 돈은 통장으로 보냈으니 잘해보라고 남편이 말한 것 같다. 경매 장소는 서울중앙지방법원이다. 우리 성북구는 서울중앙지방법원 관할이었다. 지하철 3호선 교대역에서 내려야 한다. 경매날은 아버님도 같이 와주셨다. 계약금은 수표로 준비해야 해서 법원 내에 있는 신한은행에서 5백만 원짜리 수표를 찾았다. 그리고 경매 장소에 가면 입찰서류 작성하는 것이 있다. 입찰서류에 작성을 하고 계약금과 함께 봉투에 넣어서 법원서기분들이 있는곳에 가서 봉투제출을 하면 된다. 입찰서류 작성할때도 난생처음 하는것이라 심장이 두근두근 뛰었다. 경매 장소에 들어섰을때도 처음 가본 곳이라 뭔가 웅장하고 경건한 마음이 들었다.

다른 분들은 경매가 경쟁을 하는 부분이라 다른 사람들이 보지 않게끔

칸막이에 들어가서 서류 작성을 하고 나왔다. 하지만 나는 우리 물건같은 경우 누가 살 사람이 없다고 생각하여 그냥 책상에서 작성하였다. 경매장소에는 입찰하려고 온 사람들 외에 경락잔금 대출해준다는 명함을 건네는 사람들이 많았다. 서류 제출을 하고 2시간 뒤쯤 발표를 하였다. 각 물건마다 1등, 2등 된 분들을 부르고 나머지분들은 다시 서류를 찾아서 간다. 나는 우리 물건 부르기를 기대하면서 가슴이 떨렸다. 앞에 물건들이 많아서 우리 물건 부르기만을 기다렸다. 옆에는 아버님도 앉아 계셨다. 남편은 일해야 돼서 오지를 못했다.

# 06

# 무조건 좋은 사람이 되지는 말자

나는 어려서부터 부모님으로부터 엄하게 크지를 않았다. 내 성격이 온순해서 착하다는 말을 많이 들었다. 초등학교 성적통지표에 선생님이 하신 말이 '성격이 매우 온순함'이라고 적혀 있다. 초등학교까지는 아버지께서 외국에 계셔서 아버지와의 추억은 많이 없다. 엄마 밑에서 자라다 보니 야단맞거나 꾸중을 들으면서 크지 않았다. 아버지 성격은 마음을 잘 표현하시고 사람들 좋아해서 남들한테 대접을 잘하셨다. 형제 중 큰오빠가 아버지 성격을 닮으셨고 둘째 오빠, 막내오빠, 내가 엄마의 성격을 많이 닮았다. 엄마 성격은 성실하시고 온순하시고 착하셨다. 예전에는 다들 어려웠기 때문에 힘들게 살아오셨다. 그러나 엄마는 입이 너무 무거우셨다. 자녀들한테 할 말은 하고 주위의 사람들 사는 얘기를 나한테 해주셨으면 하는 아쉬운 마음이 있다. 엄마는 사람들한테 들은 얘기를 속으로만 가지고 계셨다. 그런 사람들 사는 얘기를 나한테 해주셨으면 내가 좀 지혜롭게 살지 않았을까 하는 마음이 든다.

나는 온실 속에서 자란 화초 같았다. 세상 물정을 잘 모르고 너무 순진했었다. 그리고 부모님은 자식들을 엄하게 키우지 않으셨다. 학생 시절 내내 나는 친구들 사이에서 뛰어나지도 않고 튀는 아이도 아닌 평범한 아이였다. 앞에 나서는 것도 좋아하지 않고 내성적이고 소심한 아이였다. 그저 착한 아이, 상대한테 싫은 소리 못 하고, 내가 이 말을 하면 상대방이 어떻게 생각할까 하는 마음에 말도 제대로 못 했다. 그리고 내가 상대로부터 기분 나쁜 게 있으면 혼자 삭히기만 했다. 둘째 오빠도 보면 주위에서 부탁하는 것을 거절 못 하고 보증을 서준 게 있는 것 같았다. 막내오빠도 사람 좋다는 얘기 착하다는 말을 많이 듣는다. 내가 중, 고등학교 시절 시골이라 학원도 없었거니와 중학교 때는 참고서 정도 보고 공부했다. 고등학생 때는 부모님 생각해서 학원 다니고 싶다는 말을 못 하고 스스로 자격증 따고 부기 같은 경우는 어려워서 학원에 다녔다. 그야말로 집하고 학교만 왔다 갔다 하는 모범생이었다. 지금 생각하면 그런 생활이 후회된다. 친구들과 좀 놀러 다니고 여행도 가보고 경험을 많이 못 해본 게 아쉽다.

학생 시절에는 돈도 없거니와 친구들이나 사람들과의 돈거래는 없었다. 그러나 고등학교를 졸업하고 은행에 취업이 되자 주위에서 요구하는 것을 나는 거절을 못 하고 들어주게 되었다. 그리고 시골이라 은행에 근무한다고 하면 대개 성공한 것으로 인정했다. 한번은 동네 옆집 언니가 부탁하였다. 그 언니는 어려서부터 나를 잘 챙겨주었다. 성격이 다정다감하였다. 결혼하고 시댁에서 살다가 살림을 나오려는데 돈이 없는 것 같았다. 그래서 내 이름으로 대출을 좀 해달라는 것이었다. 그때 은행에서 직원들 상대로 싸게 대출을 해주는 것이 있었다. 나는 그때 거절을 못하고 천만 원을 내 이름으로 대출을 해주었다. 그렇게 이자는 계속 받았다. 그리고 내가 은행 퇴직을 하게 되자 대출한 것을 갚아야 해서 연락하면 전화를 잘 안 받았다. 지금은 생각이 잘 안 나지만 그때 빌려준 것을 다 받은 거로 기억된다.

또 한번은 친구 언니가 보험을 하였다. 나는 친구 언니고 하여 적금형 보험을 들어주었다. 지금은 보험료가 통장에서 다 빠지지만, 그때는 보험료를 내고 영수증을 받았다. 그리고 언니랑 거리가 멀다 보니 내가 보험료를 그 언니 통장으로 보내주었다. 한 몇 년은 보험료 납부를 잘하고 문제가 없었다. 그러던 어느 날부터 보험료 영수증이 오지 않는 것이었다. 그래도 나는 그 언니를 믿고 통장으로 보험료를 계속 보냈다. 그때도 나는 너무 순진했다. 그리고 부모에게나 형제 친구한테 물어나 볼 것을 혼자만 생각하고 있었다. 그리고 그 언니한테 전화해서 보험료가 잘 들어가고 있는지 확인을 해봐야 하는데 그냥 믿고만 있었다. 그리고 내가 결혼 날짜가 잡히고 은행 퇴직을 하게 되어 결혼 자금이 필요했다. 그때까지도 그 언니는 사실대로 말을 하지 않았다. 그리고 부산 언니 집으로 오라고 하여 갔다. 보험료를 어떻게 했다는 말은 안 하고 보험료 보낸 만큼 그 언니가 전자제품을 사주겠다고 하였다. 그렇게 나는 결혼 혼수용품이 부산에서 올라왔었다. 결혼할 당시 남편에게 전자제품이 늦게 온다고 잔소리를 들은 기억이 난다.

그리고 나의 거절 못 하는 성격은 여전했다. 결혼 전 은행 근무 시절 나는 통영에서 근무하다 거제로 발령이 났다. 통영에서 근무할 때와 거제서 근무할 때는 사무실 분위기가 달랐다. 거제 지점은 직원들 성격이 극과 극이었다. 같은 동료이자 동기 직원들끼리 말을 하지 않고 등을 돌리고 있었다. 한 사람은 일 처리는 너무 똑부러지게 잘하는 반면 손님들에게는 잘하지 않았다. 한 사람은 손님들에게는 싹싹하게 잘하는데 어딘가 모르게 허술한 면이 있었다. 둘은 같은 동기인데도 말도 하지 않고 싸늘하기만 했다.

돈거래는 화장실 들어갈 때 마음, 나올 때 마음 다르다. 해주고 나면 받기 힘들고 보통 사람 간 사이가 나빠진다. 우리 집을 길음동에서 정릉으로 이사하고 2011년 11월쯤 남편이 전화가 왔다. 나는 그때까지도 집에 들어오지 않는 남편을 전화만 와도 반가운 마음이었다. 남편은 빚이 있다고 하면서 사람들에게 쫓기고 있다고 하였다. 그러면서 오백만 원이 필요하다는 것이었다. 남편은 목소리가 불안해 보였다. 많이 힘들어하는 목소리였다. 나는 남편이 힘들어하는 모습을 보니 안돼 보였다. 남편은 빌려주는 돈은 자기가 다 갚겠다고 하였다. 그래서 그다음 날 대출을 알아보고 내 이름으로 신용대출을 해서 보내주었다. 신용대출도 복잡하다. 떼야 할 서류가 많고 여러 가지 할 일이 많다.

길음동 집을 경매당하고 정릉으로 이사하면서 집도 월세인 상태에서 나는 또 신용대출을 해서 남편한테 돈을 해준 것이다. 월세는 남편이 내고 있었다. 월세도 남편이 몇 달 내다 안 내고 있어서 월세가 밀리게 되었다. 나는 월세 밀린 걸 모르고 있다가 몇 개월 뒤에 알게 되었다. 그나마 집주인이 좋으셔서 월세가 밀려도 재촉하지 않고 기다려주신 것 같았다. 나는 이사할 때마다 돈은 없어도 집주인을 잘 만나는 것 같다. 남편은 대출이자를 몇 번 보내주더니 안 보내줘서 내가 대출을 다 갚게 되었다.

길거리를 가다 보면 좌판을 펼치고 할머니들이 채소를 많이 파신다. 평소에는 마트에서 시장을 보지만(카드가 되니까) 길 가다 채소를 파는 할머니들 보면 통영 엄마 생각도 나고 팔아주고 싶은 마음이 많이 생겼다. 한번은 지하철 계단을 올라오는데 채소를 파는 아줌마가 계셨다. 나는 고기보다 채소를 좋아한다. 2천 원 정도 채소를 사고 안된 마음에 4천 원을 주고 왔었다. 그런데 그 아줌마는 나에게 쫓아오더니 더 받은 2천원을 되돌려주는 것이었다. 아줌마가 하는 말이 나는 양심껏 판다면서 2천원을 안 받겠다고 하는 것이었다. 나는 황당했다. 내가 잘못한 걸까? 길거리에서 좌판으로 판다고 해서 얕본 건 아니었는데 왠지 씁쓸했다.

이처럼 나는 사람들 부탁하는 것에 거절을 못 해서 내 삶이 힘들어진 것 같다. 지금은 나이가 들다 보니 어느 정도 깨닫고 지혜롭게 살아야겠다고 생각한다. 하지만 2, 30대는 착하게 사는 기준이 없다 보니 사람들 말을 다 들어줘야 하는 것 같았다. 착하게 사는 사람들의 공통적인 고민인 것 같다. 다른 사람의 말을 거절하지 못해 불편한 상황을 만들어버리고 지나치게 믿어서 손해를 보거나 배신을 당하고 나서 후회하기도 한다. 우리 사회는 자신의 감정을 다 드러내는 사람을 바라보는 시선이 곱지만은 않은 것이 있다. 그렇다고 할 말 다하고 제멋대로 살라는 말은 아니다. 적어도 자신이 하고 싶지 않은 일이나 자신이 불편한 상황에서는 소신껏 의사를 밝혀야 한다는 뜻이다. '어차피 내가 모두를 좋아하지 않듯이 모든 사람이 나를 좋아할 수는 없으니 나도 남에게 미움 좀 받으면 어떤가?' 당당하게 미움받을 용기를 갖자. 미움 좀 받으면 어떤가? 미움도 자유로운 내 삶의 일부로 받아들이면 된다. 이제는 눈치를 보고 인정받기 위해 착하게만 살지 말고 소신껏 살아보자. 착하게 살고 싶지 않다면 본인의 자존감을 높이는 일에 열정을 쏟아내길 바란다.

# 07

# 1순위는 언제나
# '나' 라는 것을 기억하라

제2차 세계 대전을 승리로 이끈 '윈스턴 처칠'이 세계적인 인물로 부상했을 때 영국의 한 신문사가 유치원부터 대학까지 처칠을 가르친 교사들을 조사해서 '위대한 스승들'이란 제목으로 특집 기사를 실었다. 그 기사를 읽은 처칠은 신문사에 자신의 마음을 담은 짤막한 편지 한 통을 보냈다.

"귀 신문사에서는 나의 가장 위대한 스승을 찾아내지 못했습니다. 그분은 바로 나의 어머님이십니다. 어머니는 제 인생의 나침반이었습니다."

이 세상에서 가장 순수하고 아름다운 사랑은 어머니의 사랑이다. 어머니들은 자식들을 위해서라면 어떤 고통과 고생을 하더라도 참고 희생을 하신다. 그러나 대부분 우리 엄마뿐만 아니라 어머니들은 정작 본인의 삶은 없고 자식과 남편을 위해서 삶을 살아오셨다.

유튜브를 통해 방송인 서정희 씨 영상을 보게 되었다. 서정희 씨는 결혼을 일찍 하였다. 한창 뜰 때 결혼을 일찍 하여 자녀 둘을 낳고 행복한 결혼 생활을 하는 것 같았지만 이혼을 하게 되었다. 서정희 씨는 지난 세월을 생각해보면 내가 존재하지 않았다고 한다. 중요한 순서가 남편, 자녀, 주변인이 먼저고 자기 자신은 나중이었다고 한다. 그렇게 살다 보니 음식을 먹어도 내 것을 주문할 줄 몰랐다고 한다. 딸이 먼저 남편이 먼저, 아들이 먼저, 나는 없고 완벽한 여자만이 존재한 30년이었다고 말한다. 왜 그렇게 살았는지에 대해서 말한다. 부족한 나를 보이고 싶지 않았다. 열등감으로 낮은 자존감이 바닥을 친 느낌이 완벽한 내가 되기 위해 노력했다고 한다. 내가 생각하기에 서정희 씨는 이혼 후의 혼자 삶이 더 멋지고 훌륭한 삶을 사는 것 같다.

나는 임신을 하고 결혼을 하여 신혼 기간이 없었다. 아이는 나올 때가 되고 시댁에서는 산후조리 봐줄 사람이 없었다. 그래서 통영으로 내려갔다. 첫째 아들은 우리가 차가 없어 고속버스를 타고 통영까지 내려갔다.

남편이 같이 가주었다. 통영까지는 거의 5시간 거리다. 통영에 도착하고 남편은 서울로 가고 아기가 나올 때를 기다렸다. 여름이라 날씨는 더웠다. 1994년 7월 15일 저녁에 이슬이 조금 비쳤다. 그리고 밤부터 배가 아프기 시작했다. 엄마와 함께 친구 소개로 알게 된 조산소로 갔다. 아이 낳는 거를 받아주는 조산소가 있었다.

나는 밤새도록 조산소에서 배가 아픈 것을 참아야 했다. 아침이 되기까지 배가 아픈 것은 더욱 심해졌다. 생리통 배가 아플 때보다 더 심하게 아랫배가 아프다고 생각하면 되겠다. 애기가 거의 나올 때쯤에는 숨쉬기도 힘들 정도로 진통이 오다가 잠깐 멈추고 또 진통이 온다. 하늘이 노랗게 돼야 애기가 나온다더니 진통이 올 때는 아파서 숨쉬기조차 힘들었다. 그리고 애기가 나올 때 되니 아랫배에 힘을 저절로 줬다. 조산소 아줌마는 똥이 마려우면 똥을 싸라고 하였다. 애기가 방광을 자극하니 똥이 마려운 것처럼 느껴진다. 드디어 애기가 나왔다. 아침 8시 10분이다. 애기는 우렁차게 울어댄다. 아들이라고 하였다. 그렇게 우리 아들이 세상을 맞이하였다.

여름이라 더워서 산후조리가 불편했다. 제대로 누울 수가 없었다. 주위에서 들은 애기가 있어 모유만 먹이지 말고 하루에 분유 한 번, 모유 한 번 먹이라고 하였다. 그렇게 하면 나중에 모유를 뗄 때 편하다고 하였다. 일주일이 지나고 남편이 서울에서 왔다. 남편은 일찍 결혼하여 20대 중반에 아기 아빠가 된 것이다. 아기를 보자 남편은 신기해했다. 애기를 안아보는 것도 어색해했다. 시댁에서는 아버님이 손자가 생겼으니 이름을 짓는다고 신경을 쓰시는 것 같았다. 한 달 정도 조리를 하고 서울로 왔다. 그때는 서울하고 통영 고속도로가 원활하지 않아서 5시간 정도 걸린 것 같다. 우리는 차가 없어서 나는 애기를 안고 버스에서 5시간을 타고 서울로 왔다. 모성애는 강하다고 애기를 안고 힘든 줄도 모르고 버스를 타고 서울까지 왔다. 나중에 남편이 하는 말이 그날 애기를 좀 봐줄려고 했는데 내가 너무 애기에 집착하는 것 같아서 그냥 내버려 두었다고 한다. 남편은 뒤에서 친구와 같이 앉아서 왔다.

아들이 세 살 되던 해 나는 또 임신을 하게 되었다. 둘째는 임신하고 여름이라 덥고 입덧할 때 힘들었다. 둘째는 첫째 경험이 있으니까 임신인 것 같아 테스트기를 실험해봤다. 아니나 다를까 임신이었다. 나는 임신 기간에는 특별히 아프거나 임신중독증 증세 없이 지나간 것 같다. 그리고 임신 중에도 살이 많이 찌지는 않았다. 체질인지 배만 불렀지 살찐 것은 없었다. 둘째도 나는 통영으로 내려가야만 했다. 출산하기 보름 전에 미리 내려갔다. 둘째는 우리 차가 있어서 남편이 데려다 주었다. 남편도 처가가 너무 멀다 보니 운전하는 데 힘들었을 것이다.

그렇게 둘째는 1997년 3월 20일 새벽에 배가 살살 아프기 시작했다.

첫째 경험이 있어서 둘째는 일찍 병원을 가지 않고 조금 여유를 가지고 병원을 갔다. 첫째는 조산소에서 낳았지만 둘째는 산부인과를 갔다. 통영 내려가기 전 산부인과도 미리 다녔다. 애기가 태어나기 며칠 전 초음파 검사를 했다. 의사 선생님이 여기는 아이 머리고 심장이고 아이 얼굴이고 하면서 얼굴 쪽을 가리키는데 내 마음에 딸이라는 느낌이 강하게 왔다. 첫째는 아들이니 딸이었으면 하고 기대하고 있었다. 그리고 둘째 태어날 때까지 딸을 많이 기대했었다.

엄마는 미리 동네에서 택시 하시는 분이 계셔서 그 차를 타고 병원으로 향했다. 병원 침대에 누워 있는데 간호사들과 의사들이 수시로 내진을 하기 시작했다. 자궁이 얼마나 열렸는지 내진을 하는 것이다. 첫째보다 둘째는 배가 심하게 아프지는 않았다. 몇 시간 진통을 하다 보니 자궁이 열린 것 같았다. 얼마 후 아랫도리에서 물컹한 액체 같은 것이 흐르는 느낌이었다. 나는 물어나 볼 것을 물어보지도 않고 있었다. 자궁이 거의 열렸다고 하여 애기 낳는 베드로 옮기고 힘을 주기 시작했다. 그런데 힘을 줘도 애기가 나오지를 않았다. 또 힘을 주었다. 그래도 안나왔다. 이상하다는 생각을 하였다. '첫째는 힘을 주니까 바로 쑥 나왔는데 둘째는 왜 이렇게 안 나오지?' 베드에 누워 있으면서 이런저런 생각이 났다.

드디어 안간힘을 쓰니 애기가 쑥 나오는 느낌이었다. 그때 애기가 갑자기 쑥 나오니 의사 선생님이 준비가 안 된 상태에서 아기를 받아야 해서 놀란 표정이었다. 그리고 아이 울음소리가 났다. "딸입니다." 나는 안도의 한숨을 쉬었다. 기다리던 딸인 것이다. 나중에 안 것이지만 힘을 줘도 애기가 나오지 않았던 건 양수가 먼저 터졌던 것이다. 나는 첫째 때 그런 경험이 없어서 양수가 먼저 터진 건 몰랐던 것이다. 그리고 남편한테 전화했다. 남편은 딸이라고 좋아하였다. 자연분만은 병원에서 하루만 자고 그다음 날 퇴원하였다. 하루 입원하는 동안 같은 병실 산모는 애기 낳았다고 손님들이 많이 왔었다. 꽃다발 선물 등, 직장 동료들 오고, 그러나 나는 오는 손님이 없어 그 산모와 비교가 되었다. 나는 아는 사람들이 서울에 있고 통영은 내가 직장 생활까지 하고 결혼하면서 서울로 가서 친구들이나 직장 동료들 연락을 하지 않았었다. 그러니 통영은 아는 지인들이 없었다.

딸은 크면서 외모는 아빠를 많이 닮아갔다. 갓 태어났을 때 통통한 볼에 살이 없는 탓에 턱이 뾰족하게 나오고 귀가 작으면서 오목조목 얼마나 귀엽든지. 그런 딸은 백일 때까지 밤낮이 바뀌어 힘들었다. 밤 잠잘 시간에 아이는 놀고 있으니 얼마나 답답했는지. 그리고 둘째 낳고는 허리가 아파서 움직일 수가 없었다. 일주일을 허리 아픈 것 때문에 힘들었다. 그렇게 나의 분신인 아들과 딸이 세상으로 나와서 나의 자녀들이 되었다. 아들은 나를 닮고 딸은 시댁쪽 외모를 닮았다. 둘째는 우리 차가 있어서 남편이 데리러 와서 차를 타고 엄마와 함께 서울로 올라왔다. 남편은 한 번 통영 내려오고 올라가는 데만 5~6시간 걸리니 운전하는 데 피곤했을 것 같다. 나는 그때만 해도 표현력이 없어서 "당신 운전하는 데 많이 피곤하고 힘들지?"라는 말을 못 했다. 나중에 남편이 얘기하기를 그런 표현이 없었던 게 서운했다고 하였다. 그러나 지금 생각하면 애들 낳을 때 옆에 남편이 없었던 게 후회된다. 애 낳는 것이 얼마나 힘들고 고통 속에서 애가 나온다는 것을 남편이 봐야 한다고 생각한다.

지금은 우리 아들 딸이 통영에서 낳아서 서울 왔다고 하니 "그럼 우리 고향은 통영이네." 하고 웃으면서 얘기한다. 그러면 내가 "낳기만 통영에서 낳았지 자란 건 서울에서 자랐어."라고 말한다. 애들 키우는 동안 누가 옆에서 봐주는 사람도 없었고, 혼자서 육아를 담당해야 했다. 그리고 애들 때문에 직장을 다닐 엄두는 못 했다. 보통 주부들이 그렇듯이 나도 남편 뒷바라지 자녀들 뒷바라지하느라 자기 계발하는 시간이 없었다. 그때는 내가 너무 몰라서 편안함만 찾은 느낌이다. 지금 생각하면 내가 지혜롭지 못했던 것 같다.

그렇게 나의 아들 딸은 크면서 크게 사춘기도 없이 건강하게 자라줘서 정말 고마웠다. 이제 자녀들이 성인이 되니 나 자신을 되돌아보게 된다. 결혼 생활이 순탄하지는 않았지만 하나님의 은혜로 살아왔다. 그동안 직장 생활을 한 것은 최소한의 먹고살기 위한 것이었다. 이제는 나를 위한 시간 책을 많이 읽고 싶고 1인 창업을 하여 내 사업을 하고 싶다. 내 삶과 깨달음을 많은 사람에게 알려주고 동기부여를 해주는 메신저의 삶을 살고 싶다.

**4장**

원하는 것을
제대로 선택하는
8가지 기술

# 01

# 목적을 확실히 정한다

사연 많은 길음동 집에서 정릉으로 이사를 하고 길음동 집에 계속 미련이 남았었다. 이사하고 1년 정도 지났을 때였다. 사실 공동지분 땅만 남겨두고 건물은 없이 이사를 나온 상황이었다. 그래서 땅을 팔아버리든지 아니면 건물을 살 생각이었다. 인터넷 등기소 들어가서 등기부등본을 떼어봤다. 길음동 집은 건물 소유 땅 소유가 다르기 때문에 토지등기부등본, 건물등기부등본을 따로 떼야 한다. 토지등기부등본은 소유주가 19명이라 여러 장이 나왔다. 그리고 토지등기부등본과 건물등기부등본을 비교해보았다. 마침 304호가 토지 지분이 없었다. 자기 땅도 없으면서 건물만 가지고 있는 것이다. 건물주는 304호 딸 이름으로 돼 있었다. 이런 사실을 알게 되었고, 이제 어떡해야 할지 생각을 해보았다.

내가 304호 집에 찾아 가야겠다는 마음이 들었다. 가서 사람을 직접 만나봐야겠다고 생각은 들었지만 선뜻 나서지는 않았다. 하루 이틀 미루고 마음은 가서 만나고 싶은데 발걸음이 떨어지지 않았다. 그리고 토지, 건물, 재산권에 대한 일이라 큰일이라 하면 큰일인데 혼자 가기도 두려웠다. 이럴 때 남편이라도 옆에 있으면 힘이 되겠는데 연락도 안 되었다. 아버님에게 사정을 얘기했더니 몸이 좋지 않다면서 나보고 가보라고 하셨다. 교회 권사님에게 같이 좀 동행해달라고 부탁하였지만, 권사님도 선뜻 같이 나서지는 못하셨다. 권사님은 문제의 당사자가 아니기 때문이다. 나는 혼자서만 고민이었다. 포기하고 그냥 있을까도 생각했다. 하지만 길음동 땅이 계속 생각났다. 어떻게든 해결하고 싶었다. 땅만 놔두고 있을 수는 없었다.

몇 달을 고민하다 용기를 냈다. 나 혼자라도 찾아가서 만나야겠다고 마음 먹었다. 길음동과 사는 정릉동은 걸어서라도 갈 수가 있었다. 나는 가기 전에 304호분을 만나면 무슨 말을 해야 하나? 어떤 대화를 해야 하나? 혼자서 머리만 굴렸다. 걸어가는 동안에도 '만나면 어떻게 해야 하지', '어떤 분일까?' 생각했다. 그리고 처음 방문하는 곳이라 그냥 갈 수가 없어 음료수 한 상자를 샀다. 그런데 집에 사람이 없으면 어떡하지? 하고 걱정이 되었다. 드디어 304호 초인종을 눌렀다. 다행히 사람이 있었다. 누구시냐는 말에 나는 옆집에서 왔다고 하였다. 사실대로 말하면 당황해하실까 봐 옆집이라고 하였다. 나이가 있어 보이는 아줌마 목소리였다. 아줌마는 그렇게 의심하지 않고 문을 열어주셨다. 집안으로 들어서자 60대 중반 정도 되어 보이는 아줌마였다. 처음 보는데도 아줌마는 싹싹하게 맞이해주었다. 집 안은 아늑한 분위기였다. 아무도 없고 아줌마 혼자 계시는 것 같았다.

나는 자초지종을 얘기하였다. 원래는 이건물 403호에 살고 있었고 우리가 경매 신청하였다가 다른 사람이 사버려서 어쩔 수 없이 이사하게 되었다고 얘기하였다. 그리고 이 건물에 대한 사정도 얘기해주었다. 그래서 304호가 토지 지분이 없더라, 우리는 토지 지분만 있고 건물이 없는 상황이라고 말했다. 내 말을 듣더니 아줌마도 약간 상기되는 목소리로 말하였다. 아줌마도 생전 편하게 살고 있다가 웬 젊은 아줌마가 와서 땅 지분이 없다면서 재산권 얘기를 하니 기분이 좋지는 않았을 것이다. 그래서 우리 땅을 사시든지, 건물을 우리한테 팔라고 하였다. 그랬더니 아줌마는 자기는 이건물을 6천 5백만 원에 샀다고 하였다. 그말을 듣는 순간 나는 '건물을 왜 그렇게 비싸게 샀지'라는 생각이 들었다. 그리고 아줌마는 건물을 딸 이름으로 사서 딸한테 물어봐야 한다고 하였다. 그렇게 아줌마와 얘기를 하고 어떻게 하자는 끝맺음 없이 나는 집으로 왔다.

아줌마 전화번호도 알아서 왔다.

하지만 생각해보니 만약 내가 건물을 사더라도 당장 돈이 없었다. 6천 5백만 원을 어떻게 마련하지? 그다음 날 나는 은행으로 가서 대출을 알아봤다. 땅을 담보로 대출을 할 수가 있다고 하였다. 그러나 대출도 건물 가격의 80%까지 된다고 하였다. 그러면 내 돈 2천만 원 정도 있어야 하는데 당장 2천만 원이 없었다. 고민이었다. 누구한테 빌릴 데도 없다. 그리고 일주일 정도 후에 304호 집으로 다시 찾아갔다. 나는 내 사정을 얘기하였다. 어떻게 경매해서 이사하게 된 사정 등. 그리고 내가 잘못한 것이 내 사정을 너무 얘기해버렸던 것 같다. 힘들다, 돈이 없다는 식으로 말을 하였다.

아줌마는 1층 104호 아저씨한테 전화를 하고 있었다. 아마 104호 아저씨 소개로 이사를 오게 된 것 같았다. 104호 아저씨는 우리 건물에 대해서 사정을 잘 알고 있었다. 304호 아줌마는 104호 아저씨와 내가 찾아온 것 등 얘기를 주고받는 것 같았다. 나는 다시 결론을 못 내리고 집으로 왔다. 내가 돈이 있었으면 얼른 건물을 사겠다고 말하고 왔을 텐데, 확실한 말을 못 했다. 그리고 몇 주 정도 지나서 다시 아줌마한테 전화해보았다. 그런데 아줌마가 전화를 받지 않았다. 나는 좀 의심스러운 느낌이 오긴 하였다. 그 뒤로도 계속 전화를 해보았지만 받지 않았다. 그리고 포기하고 있다가, 나중에 알게 된 사실이지만 304호 아줌마는 건물을 다른 사람 한테 팔고 이사를 가버린 상황이었다. 304호 건물을 산 사람이 104호 아저씨가 소개해서 402호 할아버지가 사게 된 것이었다. 402호 할아버지는 땅 지분 하나에 건물을 2개 가지게 된 것이다. 그리고 104호 아저씨도 땅 지분 하나에 건물을 2개 가지고 있었다. 104호 아저씨 건물 하나는 문제가 많은 건물(공동으로 지료청구 했을 때 지료를 내지 않음)이라 내가 경매를 진행할 수 있지만 참고 있었다. 그리고 나도 성격이 딱 결정을 못 내리고 망설이고 있었던 것이 잘못이었다. 모자라는 돈을 어떻게 해서든 구해서 건물을 사버렸어야 했었다. 내 생각이 짧았었다.

이런 사실을 알게 되자 나는 또 기분이 나빴다. 특히 104호 아저씨가 소개해서 그것도 자기 건물 있으면서 땅 지분 하나에 건물을 또 샀다는 것이 기분이 나빴다. 나같은 경우는 땅 지분만 있지 건물도 없는데 참 불공평한 것 같았다. 그래서 또 가만히 있을 수 없었다. 아는 지인의 소개로 강남에 있는 법률사무소에 찾아갔다. 지료청구 했을 때 판결문을 가지고 갔다. 법률사무소는 경매를 전문으로 하는 곳이었다. 내 사정을 다 들어보더니 사무장님은 지금은 어떻게 할 도리가 없다고 하셨다. 나만 처지가 난처하게 되었다고 하셨다. 그리고는 내용증명이라도 보내 보라고 하셨다. 그러나 나같이 평범한 사람이 내용증명을 적을 수가 없었다. 나는 사무장님에게 부탁하여 내용증명이라도 좀 써달라고 하였다. 인상이 좋았던 사무장님은 내용증명을 써주셨다. 사무장님이 참 고마웠다.

그리고 나는 내용증명을 104호 아저씨와 402호 할아버지에게 우편으로 보냈다. 402호 할아버지는 건물을 딸 이름으로 매입한 거라 딸 이름으로 된 주소로 보냈다. 104호 아저씨는 부인 이름으로 되어 있어 부인 앞으로 보냈다. 402호 할아버지에게는 지료청구에 관한 내용이고 104호 아저씨에게는 경매예정통지 내용이었다. 그러나 그쪽에서 받지 않는지 우편물은 되돌아왔다. 나는 다시 또 보냈다. 그래도 다시 돌아왔다. 수신 거부 또는 부재중으로 되돌아왔다. 104호 아저씨와 402호 할아버지는 세상을 어느 정도 살아서 이런 경우를 약삭빠르게 잘 피하고 있었던 것이다. 내용증명이 와도 두렵지가 않았던 것이다. 하지만 그 사람들이 우편물을 받지 않는다고 해도 방법은 있었다.

내가 직접 가서 전달하고 오면 된다고 하였다. 그대신 받은 사람의 싸인을 받아야 한다고 하였다. 나는 마음은 가서 전달하고 싶었다. 하지만 참았다. 104호 아저씨는 땅 지분 하나에 건물 2개 가지고 있으면서 건물 하나는 자기들이 살고 하나는 비싸게 전세를 내놓고 있다. 길음동이 우리가 살던 주변으로 다 재개발되어 길음뉴타운이 되면서 집값이 많이 올랐다. 402호 할아버지도 땅 지분 하나에 건물 2개 가지고 있으면서 하나는 자기들이 살고 304호는 비싸게 전세를 내놓고 있다. 그리고 104호 아저씨 건물은 내가 경매 진행을 하면 전세 살고 있는 사람은 재산금 다 잃고 쫓겨나게 된다. 나는 경매 진행을 할 수 있지만, 마음이 약해서 참고 있다. 나도 경매로 집을 나와봐서 아픔을 알기 때문이다. 이제는 모든 것을 기도하며 하나님께 맡긴다. 하나님만이 할 수 있는 문제이다.

# 02

# 내가 좋아하는것에 집중한다

내가 좋아하는 것을 하며 좋아하는 일을 하며 평생을 사는 것처럼 멋진 삶은 없다고 생각한다.

초등학교 시절 쉬는 시간이나 점심 시간에는 학교 옆 마당에서 고무줄 놀이를 하였다. 친구들과 검정 고무줄을 길게 늘어뜨리고 놀이를 할 때는 시간 가는 줄도 모르고 하였다. 여름이면 그늘 밑에 앉아서 콩돌 줍기 놀이하고 그중에 유달리 잘하는 친구가 있으면 괜히 시샘이 나기도 했다. 놀이하는 동안에는 집중하여 하나라도 더 따고 싶고 이기고 싶어 열심히 했다. 그리고 겨울에는 자치기 놀이 숨바꼭질 놀이 등 우리가 자라던 시절에는 놀이할 것도 많았고 순수하게 컸다. 지금은 생각이 가물가물하지만, 그때를 생각하면 참 좋은 추억이었다. 지금보다 문명이 덜 발달하였던 시절이지만 영원히 내 영혼 속에 간직하고 싶은 추억들이다.

그러나 내가 좋아하는 것을 찾는다는 것은 쉬운 것 같으면서도 쉽지가 않다. 나는 살아오면서 내가 좋아하는 것이 무엇인지, 어떻게 살아야 하는지에 대해서 몰랐다. 그저 일상에 묻혀서 흐르는 대로 살고 내가 좋아하는 일이 아닌 살아가기 위한 수단으로 일하고 있다. 그중에 내가 좋아하는 것을 종이에 한 번 적어보았다. 나는 사진보는 것을 좋아한다. 지난 시절 찍은 사진들을 보면서 추억을 되살리고 또 우울하거나 기분이 좋지 않을 때 사진을 보면 기분이 좋아진다. 가끔 사진첩을 가져와 아이들에게 보여주면 내가 이렇게 했어 하면서 아이들도 신기하듯이 사진을 본다. 아이들도 그런 사진을 보면서 자신이 커온 과정을 보면서 자기의 존재감을 찾는 것 같다. 그러나 지금은 핸드폰으로 사진을 다 저장하니 사진첩을 보는 그런 맛은 없는 것 같다.

지금 직장 근무하는 샘은 뜨개질을 잘하신다. 자기가 좋아하는 것을 하니까 어떨 때는 시간가는 줄도 모르고 뜨개를 한다고 한다. 나같은 경우 손으로 하는 것은 소질이 없다. 학교 다닐 때 미술과 음악 중 음악이 더 좋았다. 나는 미술은 소질이 없는 것 같다. 손으로 만들기라든지 손재주는 없다. 고등학교 때는 음악 선생님으로부터 노래를 좀 한다는 칭찬을 들은 적이 있다. 노래는 목소리가 좋고 가수들처럼은 아니지만 발라드 정도는 부를 수 있다. 노래방 가면 친구들이 노래를 좀 한다고 칭찬을 듣기도 한다. 얼마 전 친구들과 연극을 보러 갔었다. 확실히 연극하시는 분들은 잘하시는 것 같다. 나도 한때 연극을 하고 싶다는 생각을 한참 했었다. 남편과 사이가 나빠지면서 내가 하고 싶은 것을 생각할 때 연극이 생각났었다. 하지만 현실적으로 나는 그냥 평범한 사람이었다. 한때는 연극에 대한 욕망이 넘쳤다. 혼자서 생각만 하고 주위 사람들에게는 말할 수가 없었다. 다들 반대할 것이기 때문이다.

그리고 나는 무엇이든 메모하는 것을 좋아한다. 목사님 말씀을 들으면서도 메모를 꼭 하고 나중에 한 번 더 읽어본다. 그냥 듣기만 하는 거 하고 메모를 해서 한 번 더 읽어보면 기억에 더 오래 남는다고 한다. 그리고 마트에서 시장을 본 물건들에 구입 날짜를 기록해둔다. 그러면 언제 사서 언제까지 썼다는 것을 알 수 있다. 또 집안일을 하고 나서 달력에 표시해둔다. 욕실 청소한 날짜를 적어두고 씽크대 청소한 날을 기록한다. 그러면 언제 청소했으니 청소를 해야겠네 하는 마음이 생긴다.

내가 일하고 있는 한의원 그 전 원장님은 영화를 좋아하셨다. 그래서 한의원 회식이 있는 날은 식사하고 꼭 영화를 보여주셨다. 원장님과 10

년을 같이 일했으니까 여러 편의 영화를 봤지만 내가 영화를 좋아하는 편은 아니라서 기억에 꼭 남는 영화는 없는 것 같다. 원장님은 평소에도 혼자서 영화를 잘 보기도 하셨다. 새로 나오는 영화는 다 보셨다고 해도 과언이 아니다. 그래서 원장님 둘째 딸이 대학교를 영화 연출하는 과로 선택하여 영화를 촬영하는 거로 알고 있다. 한의원에 영화 촬영 겸 아빠를 인터뷰하러 온 적이 있었다.

유튜버 썬더이대표가 있다. 정리의 달인이다. 요리는 못하지만 집에서 정리하는 것을 좋아했다고 한다. 어느 날 직장에서 계약 만료로 갑자기 직장을 그만두게 되었다고 한다. 직장을 그만두고 매우 속상했다고 한다. 일을 그만두고 집에만 있기에 아깝다고 생각하여 창업을 준비하려고 했다. 김밥집을 하려니 김밥집이 너무 많고, 네일을 하기에는 디테일한 것도 없었다. 자본금이 없어 뭐 할 것이 없었다. 어느 날 밤에 혼자 생각하며 종이에 자기가 좋아하는 것을 적어보았다고 한다. 여행 가기, 술 마시기, 수다 떨기였다고 한다. 그래서 다시 종이에 적어보았다. 그랬더니 정리 정돈하는 것을 좋아한다는 것을 알았다고 한다.

집을 청소하는 것이 아닌 물건이 제자리에 있는 것을 좋아했다. 힘든 일이 있거나 스트레스 있는 날은 조용한 밤에 가구밑에 양말을 깔고 가구를 옮겨 봤다고 한다. 지역맘 까페에 글을 올리고 문의가 오면 점심만 얻어먹고 집 정리를 해주었다고 한다. 그리고 다른 사람 집에 가서 정리를 해주고 했더니 사람들이 많이 좋아했다고 한다. 집을 방문하여 '이 집은 왜 이렇게 살아'가 아니라, '이건 이렇게 하면 되는데'라는 욕구가 막 솟아나왔다고 한다. 그러면서 정리하는 일이 너무 좋았다고 한다. 지금은 유튜브 13만 명을 지니고 카페를 개설하였고 tvN 〈신박한 정리〉에도 출연하고 있다.

요즘 유명한 요리하는 CEO로 불릴 정도로 요리업계에 한평생을 바쳐 온 기업인 백종원 씨가 있다. 백종원 씨는 어려서부터 부모님과 맛있는 음식을 많이 먹으러 다녔다고 한다. 특히 아버지께서 먹는 것을 좋아하셔서 유명한 맛집을 찾아다니며 먹는 것을 즐겼다고 한다. 백종원 대표는 군입대하고 나서는 취사반에서 나오는 요리가 입맛에 안 맞아 자신이 취사반을 하겠다고 나섰다고 한다. 장교가 취사반을 기웃거린다고 상사들에게 조인트를 맞기도 했지만 식당을 기습 시찰한 여단장님께서 밥맛을 보고는 백 중위의 보직을 정식으로 인정해버리면서 취사 장교가 되었다고 한다. 명색이 장교인데다 음식 맛을 본 별들의 선택에 의해 조리사관이 되었다고 한다. 전역 후 백 대표는 쌈밥집을 내놓으며 요식업에 뛰어들면서 사업을 하기 시작했다. 하지만 IMF가 오면서 사업이 망하고 많은 빚을 안게 되면서 한때는 안 좋은 생각도 했지만 다시 개시하여 많은 프랜차이즈를 내면서 사업가로 다시 발돋움하였다. 백종원 대표처럼 자신이 좋아하는 일을 찾아서 성공한 사람들은 많이 있다.

사실 자신이 좋아하는 것을 알고 있고 느끼고 있는 사람은 의외로 적다. 어른이 되면서 경험과 지식이 늘어남에 따라 생각이 많아지기 때문이다. 생각이 많아지면 무언가를 좋아한다고 충동적으로 생각하기 전에 머리가 먼저 작동하게 된다. 평상시에 생각하는 것에 익숙한 우리는 좋아한다거나 싫어한다는 근원적인 것에 둔감해졌다. 내가 제대로 선택하지 못하는 이유도 좋아하는 게 별로 없기 때문이다. 하지만 좋아한다는 감각은 어른이 되고 난 후에도 얼마든지 키워나갈 수 있다. 좋아하는 감각을 깨우기 위해 실천할 수 있는 방법이 있다.

첫째, 접하는 정보를 늘리고 '호기심 안테나'의 힘을 키우자. 즉 텔레비전이나 신문에서 뉴스와 시사 상식을 접하거나, 괜찮아 보이는 잡지에서 쓸 만한 정보를 뽑아내거나, 미술관이나 박물관 혹은 백화점을 돌아다니거나, 낯선 거리를 산책해보거나, 전철과 카페에서 옆에 앉은 사람의 대화에 귀를 기울여보자. 외부 정보를 포착하기 위한 호기심 안테나의 감도를 높이기에 좋다. 이렇게 점점 더 많은 정보와 접하게 되면 내가 어느 것을 좋아하는지, 내가 어느 곳에 가고 싶은지, 내가 무엇을 원하는지를 알게 된다. 내 안에서 호불호와 욕심이라는 감각이 솟아나기 시작한다.

둘째, 소리내어 감정을 표현하는 '발랄모드'를 습관화하자. 좋은 것 혹은 멋진 것을 발견하면 마음속으로만 느끼지 말고 "와, 멋지다!"라고 소리내어 표현해보자. 이때 손과 몸을 과장되게 움직이는 것이 좋다. 속는 셈 치고 한번 해보자. 자신이 느끼는 감각들, '좋아함' '기쁨' '즐거움' '편안함' '멋짐' 등을 발랄모드로 표현함으로써 설레는 마음이 커지고 두근거리는 감각이 몸 가득히 퍼진다. 스스로 좋아한다고 느낀다면 그 감각을 입 밖으로 소리내어 표현해보자. "이 색이 예쁘네.", "향기로운 냄새다.", "피부 감촉이 부드러워."라는 식으로 말이다.

자신의 감정을 소리 내어 표현하면 호기심 안테나의 감도가 예민해지고 '좋아한다'는 마음의 윤곽이 자신의 내부에서 점점 선명해진다. 이를 거듭하면 '좋아한다'고 느끼는 감도가 높아지고 호기심 안테나가 포착하는 정보도 많아진다. 좋아하는 것을 선택하는 자신만의 기준이 생겨난다고 할 수 있다.

# 03

# 내가 좋아하는 것 리스트 작성하기

나는 지금까지 살아오면서 내가 무엇을 좋아하는지도 모르고 살아왔다. 그저 삶에서 살아오다 보니 생활하기 바쁘고 먹고살기 위해 직장을 다닌다. 마트에서 시장을 보더라도 내가 좋아하는 것보다 자녀들 좋아하는 것 위주로 사게 된다. 우리 아들이 이것 좋아하지, 우리 딸이 이것 좋아하지. 특히 아들은 바다에서 나는 생선, 회, 등을 싫어하기 때문에 밥상에 잘 안 올리게 된다. 특히 미역국을 싫어해서 미역국을 잘 안 끓이게 된다. 아들은 바다에서 나는 것 중 유일하게 새우는 먹는다. 그러나 딸은 미역국을 좋아한다. 딸은 마요네즈 들어간 음식과 카레를 싫어하고 모든 음식을 다 좋아한다. 특히 내가 과일을 좋아하는데 딸이 과일을 엄청나게 좋아한다. 그래서 냉장고에 과일이 떨어지지 않는다.

먼저 내가 좋아하는 것 리스트를 적어본다. 자신이 좋아하는 것이 있지만 막연하게 생각만 하는 것보다 글로 적어 구체화시키는 것은 차이가 있다. 학교 급식에 식단표를 짜놓고 급식을 준비한다. 식당에 가면 메뉴판이 있어서 고르기가 편하다. 좋아하는 것 리스트를 적어두면 어디를 가고 무엇을 하든 내가 좋아하는 것을 고르기가 편할 것 같다.

첫 번째, 요즘은 맛집을 찾아서 먹는 것을 즐기는 사람들이 많다. 맛집이라 하면 줄을 오래 서서라도 꼭 먹는다. 나는 쌈밥을 좋아한다. 쌈밥에는 고기와 야채 된장찌개까지 골고루 있다. 보통 사람들은 고기를 좋아한다. 그러나 나는 시골에서 자라서 어려서부터 고기를 많이 먹어보지 못해서 고기가 있으면 먹고 좋아하는 편은 아니다. 시골이라 야채 반찬을 많이 먹었다. 고기보다는 회를 좋아한다. 야채류를 좋아해서 상추쌈을 좋아하고 야채가 많이 들어간 샐러드를 좋아한다. 어떤분은 나보고 다이어트 그만하라고 하지만 나는 체질이 살이 덜 찌는 체질이다. 친정아버지 체질을 닮았다. 친정아버지께서도 고기보다는 회, 야채를 좋아하셨다. 친정아버지 살아계실 때 회를 좋아하신다고 오빠들이 항상 회를 사 가져가셨다.

두 번째, 패션 스타일은 옷 중에 나는 니트류 옷을 좋아한다. 거리를 지나다 옷가게에 니트류 옷이 있으면 눈길이 먼저 간다. 친구들과 쇼핑을 하다가도 니트류 옷에 잠시 멈추면 친구들이 "미연이 좋아하는 옷 스타일이다."라고 말한다. 결혼 초에는 내가 좋아하는 옷이 있어도 제대로 사지도 못했다. 아이들 옷과 남편 옷을 먼저 사주고 내 것을 챙기는 것은 나중으로 미루었다. 하지만 남편과 사이가 나빠지면서 내 것도 챙겨야겠다는 생각으로 옷을 사 입었다. 내가 좋아하는 스타일의 옷이 있으니 고르는 데 시간이 오래 걸리지는 않았다. 어떤 친구는 니트류 옷은 이제 그만 입으라고도 한다.

세 번째, tvN 프로그램 중에 〈구해줘 홈즈〉 애청자이다. 나는 내 집이 없어서 그런지 집에 대한 욕망이 크다. 〈구해줘 홈즈〉는 마치 내 집을 구하는 것처럼 보고 있으면 힐링이 되고 기분이 좋아진다. 요청자들의 조건에 맞게 가격과 크기를 맞춰서 구해주고 출연진들이 맛깔스럽게 설명을 잘해준다. 그리고 빈 집인 경우 저 방은 내가 이렇게 꾸미겠고 거실은 이렇게 꾸며야지 하면서 혼자 상상을 해본다. 지금은 방이 두 개라 아들 방 하나 주고 딸과 내가 함께 잔다. 딸이 항상 내 방이 하나 있었으면 좋겠다고 얘기한다. 그 말이 항상 마음에 걸렸다.

나의 꿈은 43평 아파트에서 가족들과 단란하게 사는 것이다. 방은 안방을 포함하여 4개이다. 딸과 아들 방 하나씩 준다. 넓은 거실에는 아늑

한 소파가 있고 가족사진이 걸려 있고 시편 23편 액자가 걸려 있다. 거실 베란다에는 내가 좋아하는 화분이 가득히 있다. 부엌은 수납장이 많은 넓은 싱크대와 냉장고 김치냉장고가 있고 식탁이 있다. 해바라기 샤워기가 있는 욕실이 2개 있다. 대화가 많은 화목한 가정이다. 내가 꿈꾸는 가정이다.

네 번째, tvN 프로그램 중에 〈신박한 정리〉를 잘 본다. 의뢰인들의 집을 찾아가 버릴 것은 버리고 정리를 해주는 프로그램이다. 보통 사람들은 연예인들은 깜끔하고 단정하게 해놓고 산다고 생각한다. 그러나 이 프로그램을 보면서 그들도 사는 것은 우리 보통 사람들과 같다고 생각한다. 정리 정돈 잘되고 깔끔하게 사는 사람들이 얼마나 될까 생각해본다. 나도 정리 정돈은 어느 정도 하지만 버리지를 못해서 쌓이는 것 같다. 정리 정돈 안 된 집을 깔끔하게 처리하고 난 후의 느낌이 너무 좋다고나 할까? 대리 만족하는 느낌이다.

다섯 번째, 요즘은 책을 읽을 때가 행복하다. 성경 말씀은 항상 읽어왔었다. 말씀은 나에게 살아가는 원동력이 되었다. 불안하거나 힘이 들 때 말씀은 긍정의 에너지가 되고 나를 일으켜 세워주었다. 하지만 말씀 외에는 다른 책들을 좋아하지 않았다. 그전에는 진짜 책을 읽지 않았다. 주변에도 책을 읽는 사람을 별로 본 적이 없다. 우리 아이들에게도 책을 읽는 습관을 만들어주지 못해 아쉽다. 그러기에 공부 습관도 자연히 안 배어 있다. 지금은 김도사님을 만나고 나서 책을 읽는 것이 좋다. 특히 자기계발서를 좋아한다. 그전 책을 좋아하기 전에는 소설보다는 수필집이 좋았다. 지금은 자기계발서를 읽으면 좀 더 나은 삶을 살 수 있을 것 같아 좋다. 의식을 높여주는 네빌 고다드의 상상의 힘과 우주의 법칙이 있는 책을 읽으려고 한다. 사실 책 쓰기 하는 것이 쉬운 일은 아니다. 부정적인 생각이 들 때도 있다. 그럴 때마다 의식을 높여주는 책들을 읽으면 긍정적인 생각과 자신감이 생긴다. 사람들은 모두 자신의 삶을 살아간다. 하지만 책을 읽으면 간접적으로 다른 삶을 살 수도 있다. 한 권의 책을 읽음으로 그 책 속에 들어 있는 하나의 삶을 배워 내 삶을 더 풍요롭게 만드는 과정이다. 한 권의 책 속에 하나의 삶이 있다면, 10권의 책 속에는 각기 다른 10가지의 삶이 있다. 책을 읽음으로써 다양한 삶을 살아볼 수 있는 것과 같다.

여섯 번째, 나는 여행을 좋아한다. 사람들은 누구나 다 여행을 좋아한다. 여행은 설렘이다. 일상의 틀을 벗어나는 홀가분한 설렘, 새로운 세상과 만나는 설렘이 풍선처럼 부푼다. 어떤 이는 여행을 '영혼의 목욕탕' 같다고 한다. 일상으로 찌든 내 마음과 내 영혼을 벗겨내어 속살이 다시 보이게 하는 그런 것이 여행이라고 말한다. 젊어지기를 원한다면 사랑하는 사람과 여행을 많이 하는 것이 좋을 것이다. 여행은 정신을 젊어지게 하는 설렘이 있다. 여행은 목적지가 아니라 여행 그 자체이다. 정처 없이 여행을 떠나보라. 늘 아는 길만 다니는 것은 안전하기는 해도 지루한 일이다. 모르는 새로운 길을 가는 것은 헤매기는 해도 새로운 것을 많이 깨닫는다. 여행이란 우리가 사는 마을을 바꾸어주는 것만이 아니라 우리의 생각을 바꾸어주는 것이다.

하지만 나는 직장 생활에 바쁘고 주일 쉬는 날은 교회에서 예배드리고 봉사하면 일주일이 금방 지나가버렸다. 일 년 중 추석, 설날 휴가 때나 3박 4일 휴가를 할 수 있었다. 집이 경매당하면서 생활은 점점 힘들어지고 돈을 벌어야 했기에 아직까지 해외여행은 한 번도 해보지 못했다. 지금까지 제일 멀리 가본 곳이 제주도이다. 결혼하고 신혼여행을 제주도로 갔다 왔다. 남편 친구가 제주도에 있어 여행하는 데 함께해주었다. 남편 친구분한테 그때는 표현을 못 했는데 지금 생각하니 미안하다. 내가 생활이 좀 더 나아진다면 꼭 보답하고 싶다.

여행하면 학생 시절 수학여행이 제일 설레고 기분이 좋았던 것 같다. 특히 초등학교 때 시골이라 어디 멀리 가보지 못한 나는 초등학교 수학여행이 생각이 많이 난다. 지금은 생각이 가물가물하지만, 우리 초등학교 때는 울산화학공장 직원들과 자매결연을 하였다. 위 선배부터 몇 년 동안 이어져오던, 수학여행이었다. 그렇게 울산으로 선생님들과 여행을 갔다. 친구와 두 사람씩 짝을 지어 초청한 집에서 잠을 잤다. 하루는 내가 자다가 병풍을 발로 차서 넘어졌던 기억이 난다. 가정집으로 초청되어 잘해주셨는데 나는 수줍고 쑥스러움이 많아 말을 제대로 못 했다. 단체복 츄리닝을 입고 찍은 사진을 보면 그때의 추억이 너무 좋았다. 짝꿍 친구와 다보탑 앞에서 찍은 사진, 동물원 앞에서 찍은 사진은 친구들이 너무 귀엽다. 경주불국사 앞에서 찍은 단체 사진, 초등학생 시절 순수했던 친구들, 지금은 다들 중년을 넘어 무엇을 하고 있는지?

이처럼 선택이 망설여질 때는 좋아하는 것 리스트에서 고르는 것이 실패를 줄이는 방법이 된다. 선택하고 나서 후회하거나 불행해지는 일도 줄어든다. 좋은 선택지 중에서 선택한 결과는 당연히 어떤 선택이든 행복해질 수밖에 없다. 이런 식으로 좋아하는 것이 확실하다면 선택하기가 간단해지고 제대로 선택할 수 있다. 좋아하는 것 리스트를 내용을 꾸준히 늘려나가면 선택의 작업이 간단해지고 일상의 기쁨과 즐거움도 늘어난다. 좋아하는 것 리스트로 선택해서 행복해지는 경험이 늘어날수록 정서적 선택력도 높아진다.

04

# 주변 사람들의 말에 휩쓸리지 마라

2년 전 간호조무사 시험을 공부할 때 야간반이었다. 낮에는 일해야 되고 저녁에는 학원에서 공부하고 일요일은 병원 실습을 해야 했다. 이론 공부도 해야지만 실습시간을 채워야 했다. 일을 하지 않는 사람들은 낮에 실습하면 된다. 나는 평소에 가고 싶은 병원이 있었다. 미아사거리에 있는 척 병원이었다. 척 병원 건물은 지은지 얼마 안 되고 깨끗한 건물이었다. 다른 사람들은 보통 요양병원이나 내과, 한의원 등으로 실습을 나간다. 나는 한의원에서만 거의 10년 넘게 일하고 다른 병원은 근무 경력이 없다. 척 병원 같은 경우 종합병원은 아니지만 준종합병원 정도 규모로 컸다. 입원실이 4개 층 수술실 등 15층으로 되어 있다.

실습하는 첫날은 떨렸다. 간호사분들은 어떤 분일까? 그리고 실습으로 가는 곳이지만 눈치 있게 음료수 한 박스를 사서 갔다. 내가 실습할 곳은 7층 입원실이었다. 실습생이라고 하니 반갑게 맞이해주셨다. 그리고 옷을 갈아 입을 곳과 무슨 일을 할 것인지 등을 간호조무사 선생님을 따라 다니면서 배웠다. 가운은 간호사들 탈의실이 지하에 있었다. 오자마자 지하로 가서 옷을 갈아입고 7층으로 가야 한다. 보통 실습생들은 평일에 많이 오지만 나같은 경우 특별하게 일요일 실습을 하게 되었다. 그리고 평일이 수술할 일이 많기 때문에 바쁘다고 하였다. 일요일은 수술이 없으므로 바쁠 일은 없었다.

내가 여름휴가 때 실습시간을 채우기 위해 평일에 간 적이 있었다. 정말 평일은 수술환자들 입원하면 침대 매트 깔고 준비해야 하고 퇴원환자들 가고 나면 침대 주위를 소독하고 침대 정리를 해야 한다. 환자들 수술 들어가기 전 준비해야 할 것 준비하고 수술 후에 병실로 오는 환자들을 챙겨야 했다. 특히 간호사들이 엄청나게 할 일이 많고 바쁜 것 같았다. 내가 가는 일요일은 카운터에 있다가 병실에서 벨 소리가 나면 가서 환자들 봐주고 무릎 수술한 환자들 운동시켜주는 정도였다. 그리고 병실마다 돌면서 오전에 한 번, 오후에 한 번 환자들 혈압 체크와 체온을 체크했다. 점심 시간에는 식사 준비와 혼자 밥을 먹기 곤란한 환자들 식사를 조금 도와주면 되었다. 점심 준비도 식당에서 밥이 내려오면 아줌마 혼자서 식단을 일일이 환자들에게 가져다주는 경우가 많다. 그래서 나는 아줌마 혼자 하는 것이 마음에 걸려 같이 식단 나르는 일을 돕기도 했다. 도와주는 것도 좋지만 환자들 식단이 바뀌면 안 되기 때문에 병원에서는 도와주지 말라고도 하였다.

환자들도 다양하다. 보통 환자들은 벨을 잘 누르지 않지만 좀 까탈스러운 환자는 벨을 자주 누르기도 한다. 병실에 여러 사람이 있다 보니 행동을 자제해야 하는 부분이 있다. 하지만 까다로운 분은 자기 하고 싶은 대로 하려고 한다. 창문을 열어놓는 것도 다른 사람 생각 안 하고 열어놓으면 옆에 환자분이 춥다고 싫어하는 일도 있다. 수술한 부분이 왜 자꾸 아프냐고 하고 수술 부위를 자꾸 소독해 달라고 한다. 수술 부위 소독은 내 담당이 아니었다. 간호사가 하는 업무다. 그리고 우리 한의원 같은 경우 핫팩을 하지만 여기는 수술 부위를 얼음팩으로 하였다.

한번은 남자 환자가 자주 벨을 누르고 하였다. 가서 보면 별일 아닌 핸드폰 작동하는 방법을 가르쳐 달라고도 하였다. 병원 벽에 있는 규칙에 대한 설명을 폰으로 찍어 달라고도 하였다. 그 남자 환자는 조금 이상하다는 생각은 하였다. 어느 날은 실습하러 갔더니 그 남자 환자가 없어졌다고 하였다. 병원복을 입고 잠바를 하나 걸치고 밖에 뭐 사러 간다고 하고는 병실로 오지 않았다고 한다. 병원비 계산을 하지 않고 도망을 간 것이다. 나는 그 소식을 듣고 황당하였다.

큰 병원이다 보니 입원실마다 간호사가 여러 명 있다. 간호사 중에서도 수석간호사 팀장이 있고 그 밑으로 서열이 있었다. 그리고 간호조무사가 있고 간호 보조하는 분이 있다. 그중 수석간호사는 컴퓨터 앞에서 타자를 열심히 한다. 아래 간호사는 병실에 다니면서 환자들 보면서 주사를 놓기도 한다. 간호사들도 성격이 다양하다. 말없이 일만 하는 간호사가 있고 특히 간호조무사하고는 말도 하지 않는 간호사가 있었다. 성격이 좀 좋은 간호사는 우리를 챙겨주기도 하고 얘기를 하기도 한다. 나는 간호사들이 위대하게 생각되는 부분이 있었다. 보통 수술한 환자들은 변비가 잘 생긴다. 며칠 변을 못 보는 환자들은 관장해주어야 한다. 환자들의 항문으로 약물을 넣고 손가락을 집어 넣기도 한다. 특히 대퇴골 수술한 환자들은 움직이면 안 되기 때문에 용변을 보고 싶어도 화장실을 갈 수가 없다. 그래도 소변은 다행이지만 대변을 받아내기도 하였다. 어느 날은 젊은 간호사가 40대 여자 수술한 환자 대변을 받아냈다. 기저귀에 받아내는 것을 보고 너무 놀라웠다. '나라면 저렇게 할 수 있을까?' 하는 생각이 들었다.

내가 하는 일 중에는 환자들을 화장실 데려가서 용변 보게 하는 일이 힘들었다. 특히 거동이 불편한 나이가 드신 어르신들은 휠체어에서 변기로 옮기는 일이 번거롭다. 넘어지거나 하면 안 되기 때문에 조심스럽게 환자분들을 대해야 한다. 어느 날은 치매가 있으신 80이 넘으신 할머니를 화장실로 데려가는 일이 있었다. 침대에서 휠체어로 옮기는데 휠체어 잠금장치를 하지 않고 할머니를 휠체어에 앉히다가 할머니가 바닥에 주저앉는 일이 있었다. 이런 일은 안전 부주의로 간호사들이 책임을 져야 한다고 하였다. 다행히 그날 담당 간호사 성격이 좋아서 꾸중을 듣지는 않고 조심하라는 말만 들었다. 그 할머니는 치매가 좀 심하셔서 화장실을 다녀왔는데 몇 분만 지나면 또 화장실 간다고 하였다. 하루에도 여러번 우리를 불러서 화장실 간다고 소동치는 바람에 그날은 매우 힘들었다. 그리고 할머니는 누워 계시지도 않고 침대 앉아서 우리가 있는 스테이션을 가만히 쳐다보기도 했다. 나의 미래를 생각해보기도 했다.

그리고 어느 날 나는 친구의 부탁을 받게 되었다. 나는 척 병원에서 실습도 해야 하고 친한 친구가 부탁하는데 거절할 수도 없었다. 그래서 친구한테 담당 간호사에게 얘기해보고 가겠다고 하였다. 실습도 내가 무슨 일이 있어 못 갈 상황이면 병원에 얘기하면 된다고 하였다. 그전에도 실습 병원에 말을 하고 한 번 실습을 빠진 적이 있었다. 그래서 일단은 출근하고 일하는 중간에 간호사에게 무슨 일이 있는데 좀 가면 안 되겠냐고 말을 하였다. 그런데 간호사가 화를 내면서 아무리 실습 중이지만 일하다가 가는 게 어디 있냐며 야단을 치는 것이었다. 그 간호사는 나보다 나이가 훨씬 아래 30대 후반이었다. 스테이션에서 말을 하면 병실까지 다 들릴 정도였다. 목소리가 커지고 있었다.

말하는 투가 자기보다 훨씬 아랫사람에게 말을 하는 투였다. 나는 얼굴이 빨개지면서 어찌 할 바를 모르고 그 자리에 서 있었다. 쪽팔려서 어찌해야 하나 고민만 하고 있었다. 주위를 살피면서 눈치만 봤다. 쥐구멍이라도 있으면 들어가고 싶은 심정이었다. 그 자리에서 20분을 서 있었던 것 같다. 나는 예상외로 비난의 목소리로 야단치는 것에 황당하기 그지없었다. 속으로는 눈물을 찔끔찔끔 흘렸지만, 표현은 하지 않았다. 지금 생각하려니 그때 했던 말들이 잘 생각나지 않지만, 그날은 너무 기분 나쁜 날이었다. 직책은 나보다 높은 간호사지만 나이는 내가 많았다. 그날 이후로 한 이틀은 계속 기분이 나빴던 것 같다. 그리고 친구한테는 못가게 되었다고 문자를 하였다.

나는 이렇게 친구의 말을 거절할 줄 몰라 도와주려다가 나만 입장이 난처한 상황이 되었다. 친구를 도와주지도 못하고 병원에서는 야단만 맞고, 내가 살아오면서 이런 경우가 종종 있었던 것 같다. 상대방을 너무 생각하다 보니 정작 내 입장은 곤란해지는 상황이 많이 있었다. 친구에게 양해를 구하고 내가 실습을 해야 한다고 말을 했으면 이런 상황은 없었을 텐데.

그리고 내가 실습 병원 일을 너무 쉽게 생각한 것 같다. 실습도 엄연한 일인데 일하다 중간에 간다고 하면 누가 좋아하겠는가? 그러고 보면 나는 주변인들의 말을 많이 들어주는 편이다. 그리고 내 주장을 얘기 못 하고 주변 사람들의 말에 같이 공감해주는 편이다. 나는 그전에도 이런 경우가 몇 번 있었다. 나는 착한 사람 콤플렉스를 갖고 있다. 사람들을 잃을까 봐, 인정받지 못할까 봐, 다른 사람의 부탁이나 일을 거절하지 못한다.

# 포기할 것은 과감하게 포기하기

유튜버 썬더이대표는 필요 없는 물건, 쓰지 않는 물건은 과감하게 버리라고 한다. 쓰지 않는 물건은 계속 놔둬봐야 쓰지 않는다. 과감하게 버리고 포기하여야 한다. 버리고 포기하면 공간이 생기고 공간을 드넓게 쓸 수 있다. 나에게 필요한 것은 필요, 욕구, 버림으로 나눈다. 필요는 나에게 꼭 필요한 것, 욕구는 있어도 되고 없어도 되는 것, 버림은 나에게 필요 없는 것이다. 버리지 못하는 것은 물건이 아니라 추억이다. 우리는 살면서 하나를 선택하면 하나를 포기해야 하는 경우가 많다. 가장 잘 알려진 '수포자'라는 말이 있다. 수학을 포기하는 사람이라는 말이다. 수학을 포기함으로써 학생들은 원하는 대학에 들어가지 못하는 경우가 많다.

이런 불상사를 막기 위해 요즘은 '수태맘'이 열풍이라고 한다. '수태맘'은 수학으로 태교하는 엄마라는 말이다. 태아의 수학능력 발달에 효과적이라고 한다. 수학 태교는 임산부가 직접 수학 문제지를 풀거나 암산을 하는 등, 태아가 수학과 친숙해 질 수 있도록 만드는 태교 방법의 하나라고 한다.

대학교를 몇 군데 합격하더라도 모두 갈 수 없기에 가고 싶은 학교를 선택하고 나머지는 포기해야 한다. 일이나 약속이 겹치게 되면 하나는 포기를 해야 한다. 사랑에는 여러 종류가 있다. 풋풋한 첫사랑, 애정행각이 너무 짙어서 눈살 찌푸리는 사랑, 결혼에 골인해서 행복하게 사는 사랑, 동성끼리의 사랑, 정말 많은 종류의 사랑이 있다. 하지만 그중 가장 슬픈 사랑을 뽑으라면 짝사랑을 뽑을 수 있다. 물론 짝사랑만으로 행복함을 느끼는 사람도 있다. 짝사랑이 슬픈 이유는 서로가 서로를 마주 보는 게 아니라 한 명은 다른 이성의 등을 보고 있다는 점에서 너무도 슬프다. 짝사랑은 거절당하더라도 일단은 고백하라고 한다. 고백을 하지 않고 짝사랑을 포기하는 것을 선택했다면 시간이 지날수록 아쉬움만 남는다고 한다. 아쉬움조차 없이 새로운 사람과 더 애틋한 사랑을 하려면 고백을 해서 끝을 내든 끝장을 보는 방법이 좋은 방법이라고 한다.

요즘 사회적 문제로 많이 야기되는 데이트 폭력이 있다. 이별을 통고

받은 연인이 상대방 심지어 상대방의 가족이나 새로운 연인에게 폭력을 행사하는 것이다. 여기에는 물리적 폭력이 아닌 협박이나 지속해서 상대를 귀찮게 하는 행위도 포함된다. 이별 범죄 원인 중 가장 크게 지목되는 것은 상대를 인격체로 존중하지 않고 자기 뜻대로 하며 곁에 두려는 소유욕과 지배욕이 원인이다. 그 외에 이별에 대한 공포 등도 원인으로 지목된다. 이런 데이트 폭력은 한 가지로만 고정되어 있지 않고 스토킹, 구타, 감금, 강간, 살인까지 불러일으키고 있다. 또한 성관계 동영상을 인터넷에 유포하거나 불리한 사실을 가족이나 직장에 알리겠다고 협박하는 행위, 헤어지면 죽겠다고 하거나 실제로 자해하는 행위 등 가지가지다. 가해자는 사랑해서라고 주장하지만, 그것은 사랑이 아니며 사회 통념상 정상적인 표현 방법이 아닐 경우 받아들이기 어려울 뿐만 아니라 범법으로 처벌된다.

가해자들의 경우 피해자들과 이별 전에 친밀한 관계를 형성했던 이들이 많은데, 바로 그것 때문에 피해자의 신상정보에 대해 사전에 숙지하고 있던 경우가 많아서 이별 후 피해자를 집요하게 괴롭힌다고 한다. 경찰청 통계에 따르면 이별 범죄 신고 건수는 연간 2만여 건, 하루 평균 54건이라고 한다. 상대방에 대한 집착, 소유욕, 지금까지 들인 정서에 대한 보상심리, 배신감, 거절을 참지 못하는 개인적인 성향, 열등감 등이 원인으로 꼽힌다. 특히 남성의 경우 여성에게 많은 유·무형적 정성을 들일

수록 헤어질 때 보상심리와 배신감이 크다고 한다. 상대방이 헤어지자고 하면 쿨하게 헤어지면 된다. 너 없어도 더 좋은 사람 만날 것이라고 헤어지면 되지 그것을 꼭 보복한다든지, 상대방을 괴롭히는 것은 문제가 많다고 생각한다. 상대방이 헤어지자고 하면 나 자신을 한 번 더 되돌아보고 반성할 것은 반성하고 포기할 것은 과감하게 포기하는 것이 멋진 사람이지 않나 생각한다.

이러한 데이트 폭력뿐만 아니라 가정폭력 또한 문제이다. 여자들은 가정을 지키기 위해 자녀들을 위해 폭력을 참으며 살아가고 있는 경우가 많다. 몇 년 전 가정폭력으로 세상을 떠들썩하게 했던 연예인 부부가 있었다. 30년 동안 한 여자의 인내로 가정이 이어지고 있었다. 우리는 연예인 잉꼬부부로 살아가는 줄 알고 있었다. 여자는 살림을 완벽하게 소화해 내고 있었다. 자녀들을 훌륭하게 키워가고 있었다.

그러나 어느 날 CCTV에 찍힌 영상은 우리를 충격에 빠뜨렸다. 남편이 아내를 물건 다루듯이 질질 끌고 가는 장면이었다. 그동안 가정폭력이 있었지만, 아내는 참고 살아왔다. 유명한 연예인 부부라 사실을 세상에 알리기를 싫어한 여자의 인내와 희생으로 가정이 이어지고 있었던 것이다. 무늬만 부부였지 부부가 아니었다. 쇼윈도 부부였다. 여자들은 이처럼 자기의 희생을 하면서 가정을 지키고 싶어 한다. 가정은 깨어지지 않고 유지되기를 사람들은 바란다. 그러나 한 가정이 오래도록 유지되기는 쉽지 않다. 가정폭력 같은 경우는 상대가 변하지 않는 한 어쩔 수 없이 가정이 깨어지는 아픔을 겪어야 한다. 가정폭력은 사람의 마음과 몸을 망친다. 차라리 마음은 아프지만, 가정을 포기하고 홀로 선 여자의 삶은 지금이 더 멋지고 훌륭해 보였다.

대체로 현대인들은 너무나 바쁘고 분주하다. 만나야 할 사람도 많고 관심을 두고 신경 써야 할 일이 태산 같으며 인간답게 살기 위해서 해야 할 일이 너무 많다. 그러다 보니 언제 한번 조용하게 편안한 마음을 가질 때가 그리 쉽지 않다. 하다못해 여름휴가 때도 시간에 쫓기듯이 보내곤 한다. 이런 것들은 사람으로서 가지는 당연한 욕심과 집착이다. 이런 자극과 욕구가 없으면 남에게 뒤져서 비교열위가 될 수밖에 없다는 생각으로 우리는 무리를 해서라도 밀고 나가게 된다. 그래서 이것들이 우리의 삶의 무게가 되어 우리의 양어깨를 짓누르게 되지만 과감하게 버릴 생각은 거의 하지 않는다.

그런데 우리 살아가는 삶의 방식을 자세히 찬찬히 들여다보면 버리고 포기해야 할 일이 한두 가지가 아니다. 도움이 되지 않는 잡다한 모임에 매번 참석하면서도 돌아가는 길에는 후회한다. 그래도 참석을 하지 않으면 불안하고 찝찝한 마음과 미련이 남는다. 퇴근 후 만나서 술 한잔을 하거나 수다를 떠는 일도 늘 하게 되면 습관이 된다. 그래도 이런 일은 부담이 적지만 보다 나은 경제 생활을 위해 투잡이나 쓰리잡을 하는 사람들도 있으며, 더구나 맞벌이 직장 생활을 하는 사람들은 육아나 자녀들 교육 등에 꼭 해야 할 일을 어떤 방법으로든 제외할 수 없다.

그렇다면 우리의 일상에서 무엇을 과감하게 포기해야 할까요? 우리의 삶의 방식인 일상생활을 정리 정돈해야 할까요? 우선순위를 정하여 나열한 다음에 자신이 감당할 수 있는 한도를 초과하는 부분은 과감하게 포기해야만 한다. 모두다 가지고 갈 수 없다면 중요한 것만 두고 가는 것이다. 그래야 온전하게 살아갈 수가 있다.

먼저 생계 유지를 위한 일이 우선이 되어야 한다. 일단은 먹고살 근거가 되는 직업을 피할 수 없다. 그다음 건강 유지를 위한 일이다. 아무리 돈을 많이 벌 수 있다고 해도 병이 나거나 목숨하고 바꿀 수는 없다. 건강은 정신적 육체적 건강을 유지하는 것을 말한다. 세상 모든 것을 다 가진다고 해도 건강을 잃으면 모든 것을 잃는 것이 된다. 건강을 유지하는 방법 중 최고는 과로하거나, 괴로워하지 않는 것이다. 이 두 가지가 보장된다면 다음 순위는 가족의 유대관계를 돈독히 하는 것이다. 모든 에너지는 가정이라는 곳에서 만들어진다 해도 과언이 아니다.

가족 간에 서로 사랑하고 신뢰하고 이해하는 분위기가 중요한 것이다.

이를 위해서는 수시로 대화하고 서로의 입장을 이해하며 관심을 두는 일이 중요하다. 그 다음으로는 자신의 발전과 자기 계발을 위하는 일에 심혈을 기울여야 한다. 내가 살아 있고 내가 잘되어야 친구도 있고 동료도 있고 친척도 있는 것이다. 이 세상에 자신의 삶을 대신 살아줄 사람은 없다.

우주와 세상의 중심은 바로 자신이다. 자신이 잘되면 가만히 있어도 사람들이 모여든다. 생계 유지를 위한 직업, 건강, 가족 간의 유대 강화, 자기 발전과 자기 계발의 우선적 사항을 고려하고 난 다음에도 시간적인 여유가 충분하다면 다른 것들을 수용할 수 있을 것이다. 하지만 이를 충족시키지 않은 상태에서 다른 것들에 쓸데없이 시간과 에너지를 낭비한다면 자신의 인생을 헛되이 허비하는 것이 된다고 생각한다. 자신의 일상생활을 점검해보면 별 볼일 없는 일에 정신과 에너지를 과도하게 낭비하는 부분을 발견하게 된다. 우리가 이러한 부분을 알아내어 과감하게 포기해버린다면 많은 개선이 이루어지리라 생각한다.

# 06

# 위험을 두려워하지 말라

아들 딸도 엊그제 태어난 것 같은데 이제 벌써 성인이 되었다. 14년 봄 아들은 군 복무를 위해 입대하게 되었다. 그리고 아들은 여자친구가 있었다. 군대 간다니까 아들 여자친구는 입대 전에 필요한 물건들을 다 챙겨주는 자상함이 있었다. 요즘 젊은 청춘들은 다들 눈치 있게 데이트도 잘하는 것 같았다. 우리 때와는 또 달랐다. 입대 장소는 의정부에 있는 군부대였다. 남편한테 연락하여 아들이 입대하는 것은 알고 있었다. 남편은 그래도 아들이 군대에 간다니 와줘서 고마웠다. 입대하던 날 아들과 나, 딸은 함께 의정부 고모한테 가서 머리를 깎고 있었다. 시누이가 미용실을 하고 있었다. 시누이는 자기 조카들에게 잘했다. 특히 우리 아들 딸을 엄청 예뻐했다. 아들 머리를 다 자르고 입대 전 점심을 먹으려고 갔다. 그래도 입대한다고 고기를 먹었다. 점심을 먹고 아들은 진짜 훈련하는 부대로 함께 갔다.

조금 일찍 도착하여 훈련소 주변에서 오랜만에 사진 촬영을 하였다. 아들은 여자친구와 찍고 오랜만에 우리 가족 사진도 함께 찍었다. 주변에는 입대하기 위해 온 대한의 아들들과 가족들이 많이 있었다. 드디어 시간이 되어 아들은 운동장으로 집합하고 나는 그렇게 눈물은 나지 않았다. 그런데 시누이는 당사자인 나보다 더 슬퍼하면서 우는 것이었다. 시누이는 나보고 왜 울지 않느냐고 물었다. 하지만 요즘은 군대도 그렇게 힘들지 않기 때문에 나는 슬픈 감정은 없었다. 아들은 입소식을 하고 운동장을 몇 바퀴 돌더니 드디어 건물 안으로 들어가는 것이었다. 아들이 보이지 않게 되자 그제야 나는 울컥하는 마음이었다. 아들이 군 복무 끝날 때까지 무사히 제대하기를 기도하였다.

그리고 아들이 입대할 때쯤 한참 군대 내 구타 문제가 뉴스에 많이 나왔었다. 그래서 조금 염려가 되는 마음도 있었다. 하지만 요즘은 훈련을 옛날처럼 빡세게 하지 않는다고 하였다. 입대하고 일주일 되니 집으로 전화가 왔었다. 아들은 20살 되기까지 집을 떠나보지 않았다. 가족과 떨어져 있는 허전함과 낯선 환경에 적응하기가 힘들었을 것이다. 통화를 하는데 아들도 울고 나도 울었다. 아들은 동생과도 통화하고 훈련 잘하고 있을 테니 염려하지 말라고 하였다. 갑자기 생각난다. 아들이 초등학교 졸업할 때쯤 나는 일을 해야 해서 졸업식에 참석하지 못했다. 시아버지와 남편이 졸업식에 참석하였다. 그런데 일하고 점심 시간 쉬는데 눈물이 막 흘렸다. 알 수 없는 눈물이 그냥 막 흘러내렸다. 졸업식에 참석 못 한 미안함도 있었고, 남편과 사이가 나빠지면서 집에 오지 않으니 혼자 아이들과 살았다. 그냥 여태까지 잘 키워 준 것에 대한 고마움이라고 할까? 눈물이 흘러내리는데 어떻게 해야 할지를 몰랐다. 다른 직원이 볼까 봐 소리를 내지 않으려고 애를 썼다. 나는 울면 눈이 붓는다. 다른 직원이 아마 눈치챘을 것이다.

그렇게 한 달 훈련이 끝나고 우리는 또 남편과 딸, 시누이, 아들 여자친구랑 수료식에 가게 되었다. 수료식에 가기 위해 점심 준비하느라 나는 혼자서 신경을 많이 썼다. 다른 사람은 별일 아니라고 말할 수 있지만, 그때 나에게는 무슨 큰일 같았다. 마음에 부담이 엄청나게 오는 시간이었다. 무슨 음식을 준비할 것이며 등등, 여러 가지 생각하다 삼겹살을 준비하기로 했다. 다른 사람들 얘기 들어보니 삼겹살을 많이 한다고 하였다. 나는 일하면서 시장도 봐야 했다. 삼겹살은 야채도 준비해야 하고, 쌈장 등 밥하고 밑반찬도 준비해야 할 것 같았다. 과일도 준비하였다. 드디어 아들 훈련이 끝나는 날 강원도 백골 부대로 향하였다. 다행히 이번에도 남편이 동행해주었다. 남편 차에 나와 딸이 타고 가다가 아들 여자친구를 태우고 또 가다가 시누이와 시누이 딸을 태워서 강원도로 향했다. 시누이 딸은 학교에서 하루 현장학습 휴가를 냈다고 했다. 가는 시간은 서울에서 2시간 반 정도 걸렸다. 수료식에 도착하자 많은 군인 가족들이 와 있었다. 수료식 행사를 하는데 너무 웅장하고 멋있었다. 삐뚤어진 줄 없이 쭉 정렬된 모습, 총으로 기술을 부리는 모습도 멋있었다. 그리고 마지막에 엄마들이 군인들 가슴에 뺏지를 달아주는 시간이 있었다. 나는 가족들과 아들이 있는 곳으로 향하여 갔다. 그리고 아들 가슴에 뺏지를 달아주는데 울컥하더니 눈물이 났다. 아들도 울컥하면서 눈물을 흘리고 있었다. 나는 아들을 꼭 껴안아주었다. "우리 아들 훈련받느라 수고했어."라고 말해주었다.

아들과 훈련받은 동기생들은 같이 사진 찍으면서 훈련을 마쳤다는 해방감에 기뻐하는 표정이었다. 하지만 또 다른 일을 앞두고 있다. 부대 배치를 받아야 한다. 6월 내내 훈련을 받았으니까 더웠을 것이다. 훈련을 잘 끝내준 아들이 대견하고 믿음직스러웠다. 그리고 수료하는 군인 중에서도 부모나 가족이 오지 못한 군인들은 따로 앞으로 불러내어 상사분들이 뺏지를 달아주는 것 같았다. 그것을 보니 마음 한 켠이 짠하였다.

아들은 입대하고 여자친구와도 1년까지는 잘 지내고 있는 것 같았다.

가끔 싸우기도 하지만 휴가 나올 때는 항상 여자친구 만나느라 집에 있을 시간이 없었다. 그리고 외박을 해야 할 때는 가족이 가야 외박이 되니 여자친구 만나고 싶은 핑계로 내가 동행해주기도 하였다. 한번은 아들 여자친구와 같이 부대로 가기도 했다. 버스 안에서 아들 여자친구와 이런저런 얘기하면서 아들 부대로 가니 지루한 줄 몰랐다. 나는 아들 여자친구가 마음에 들었다. 키는 작지도 않고 중간 정도 얼굴은 그렇게 이쁘지는 않지만 귀여운 외모가 좋았다. 부대 안으로 들어가서 아들을 기다리고 있었다. 저 멀리서 아들이 또 다른 군인과 걸어오고 있는 모습이 보였다. 아들을 데려 나오고 점심을 먹고 나는 먼저 서울로 왔다.

아들은 1년 정도 군 복무 잘하고 있는 것 같았다. 그런데 아들은 여자친구와 헤어졌었다. 무슨 이유가 있었겠지만, 여자친구가 먼저 헤어지자고 했다고 한다. 군 복무 중에 고무신 거꾸로 신는 경우가 많이 있지만, 아들한테 그런 일이 일어났다. 아들은 여자친구와 헤어지는 아픔을 욕으로 풀었을까? 아들도 가끔 욱하는 성격이 있어 욕을 하기도 한다.

아들은 야간근무를 하고 아침에 생활관에서 잠을 자야 하는데 잠을 못자고 다시 오전 근무를 나갔다고 한다. 최전선은 안개가 많이 끼는 날은 GOP 근무가 강화된다고 한다. 그러니까 아들은 야간근무를 아침 6시까지 하고 쉬어야 하는데 쉬지를 못하고 아침밥도 대충 주먹밥이 나오니까

화가 났다고 한다. 오전 근무까지 하고 점심을 먹고 사격훈련을 하고 나면 잠을 잘 수 있는 시간이 몇 시간밖에 안 되었다. 아들은 생활관에서 분대장을 하고 있어 부하 군인들이 불쌍해 보였다고 한다. 그래서 혼자서 욕을 했는데 그 장면을 다른 상사가 보고 상사에게 보고를 했다고 한다. 그 이유로 아들은 징계를 받아야 했다. 다른 부대로 가야 한다는 것이다.

어느 날 아들 상사로부터 전화가 왔었다. 나는 그 사실을 알게 되자 걱정이 되었다. 아들한테 나쁜 일이나 생기는 것 아닌지 염려가 되었다. 아들 상사는 너무 염려하지 말라고 하였지만 나는 걱정하는 마음에 눈물이 나왔다. 마음이 무거웠다. 아들과도 통화하였다. 아들도 너무 염려하지 말라고 하였다. 아들이 대기하고 있던 일주일이 나는 힘들었다. 그렇게 아들은 다른 대대에서 군 생활을 하고 무사히 제대하였다. 아들 그 일이 있고 한 달 후쯤 비무장지대에서 우리 수색대원 2명이 큰 부상을 당하는 사고가 있었다. 휴전선 지뢰 폭발사고가 있었다. 그 사고로 군인 한 명이 다리를 절단하는 일이 있었다. 북한군이 군사분계선을 넘어 길목에 지뢰를 심은 것이다. 우리 군은 이 사실을 까맣게 몰랐다고 한다. 이것은 전쟁을 준비해야 하는 전시상황이라고 한다.

이 사건으로 대한민국 국민을 다시 불안에 떨게 하였다. 우리나라는 전쟁을 준비하는 상황이 되었다. 박근혜 대통령이 나서서 전시를 진두지휘하는 생방송이 진행되기도 하였다. 나도 그날 텔레비전 앞에 앉아 자리를 뜨지 못하고 있었다. 군 복무하고 있는 아들도 생각나고 대한의 군인들이 걱정되기도 하였다. 진짜 전쟁이 나는 건 아닌지 대한민국 국민이 모두 뉴스에 초점을 맞추고 있었다. 그리고 군인들은 모두 집으로 전화가 오고 난리가 아니었다. 아들도 전화가 와서는 잘 있다고 걱정하지 말라고 하였다. 그리고 그때 전역을 앞둔 군인들이 만일의 전쟁을 대비해 전역을 미루고 전시상황에 대비하는 일도 있었다. 그런 군인들을 국민은 칭찬해주고 전역을 하면 1등으로 취업을 해준다는 말도 있었다. 우리나라 모 대기업에서도 전역을 미룬 군인들을 애국심이 투철하다 하여 자기네 회사로 취업을 예비해주기도 하였다.

# 남들의 기대에 부응하기보다는
# 나답게 살아라

친한 친구가 있다. 하나님을 신실히 믿는 믿음 좋은 친구다. 많은 사람에게 하나님의 복음을 전하려고 무지 애쓰는 친구다. 나도 친구와 알게 되고 교제를 많이 하면서 믿음이 더 좋아졌다. 항상 문제가 있으면 하나님 말씀으로 교제를 한다. 친구는 사람들을 좋아해서 사교성이 참 좋다. 사교성이 없는 나는 친구를 통해 사람들을 많이 알게 되었다. 싹싹하고 말도 잘한다. 항상 다른 사람을 먼저 배려한다. 인정이 많아서 조금이라도 자기한테 있으면 남한테 주려고 한다. 센스가 넘친다. 교회 지역일을 맡으면서 식구들을 잘 챙긴다. 목사님도 잘 섬긴다. 교회 내 새신자실에서 봉사를 몇 년째 하고 있다.

한결같이 사람들에게 잘하는 모습이 보기 좋다. 하나님을 잘 섬기니 자녀의 축복이 쏟아졌다. 친구 아들은 착하고 공부도 잘하고 성품이 바른 멋진 아들이다. 대학교에서 항상 장학금 받고 공부를 하고 있다. 부모님에게 등록금으로 손을 내밀지 않는다. 친구는 본받고 싶은 친구다. 본받고는 싶지만 나는 친구처럼 하지는 못할 것 같다. 사람마다 성격이 다르기 때문이다.

그리고 친정엄마를 모시고 산다. 친정엄마한테 잘하는 착한 딸이다. 친구는 남편이 아는 지인한테 보증을 서주고 잘못되는 바람에 친정집으로 들어와서 살게 되었다. 친정엄마와 같이 사는 것도 처음에는 잘하였지만 갈수록 힘이 든다고 하였다. 먹는 것도 그렇고 사소한 것까지 챙겨주다 보니 지금은 친정엄마가 챙겨주기를 바라고 계신다고 한다. 그래서 형제들과 의논 끝에 요즘은 친정엄마가 언니네도 한 번씩 가 있다가 온다고 한다.

그리고 친구는 같이 살던 남동생이 위암이 오면서 남동생 간병을 다해야 했었다. 남동생은 노총각이었다. 건강검진을 하면서 위암이라고 발견되었다. 친구가 어느 날 하는 말이 "미연아, 놀라지 마라 내 동생이 암일 수도 있대." 친구는 마음은 많이 놀랐을 것인데 겉으로는 담대하게 얘기하는 것 같았다. 같은 교회 지역으로 활동하다 보니 친구의 행동을 다

봐왔다. 친구는 남동생이 위암으로 아무거나 먹지를 못하니 항상 남동생 생각하며 먹는 것을 챙겼다. "내 동생이 이것 좋아하는데" "이것 사다 줘야 하겠다." 하며 항상 남동생을 챙겼다. 특히 누나라서 더 동생을 살뜰히 챙길 수 있다. 친구 집과 우리 집이 그리 멀지 않아서 친구 동생과 함께 운동을 같이하기도 했다. 청계천을 돌며 걷기 운동을 하면서 교제를 하기도 했다. 친구 남동생은 보디빌더가 꿈이었는데 집안 형편으로 꿈을 접었다고 한다. 운동을 좋아하고 집에서도 운동을 많이 한다고 했다.

친구는 병원에 입원해있는 남동생을 돌봐야 했다. 사실 남동생이지만 민감한 부분도 있다. 친구는 그런 것까지 다 간호했다. 그리고 남동생이 하나님 믿기를 간절히 기도하였다. 하지만 남동생에게 믿음은 쉽게 들어가지 않았다. 그렇게 동생을 지극히 간호하였지만, 암이 재발했다. 항암치료가 계속되었다. 우리가 할 수 있는 일은 기도하는 것밖에 없었다. 친구는 남동생 간호하면서도 열심히 기도하였다. 아마 친구는 기도의 힘이 아니면 힘든 현실을 이겨내지 못했을 수도 있다.

친구는 남동생이 둘이 있는데 막내동생을 간병한 일도 있다. 설날 막내동생이 집으로 와 아이들과 놀이터에서 놀고 있었다. 머리를 놀이터 기구에 부딪치는 바람에 머리에서 심하게 출혈이 났던 일이 있었다. 가족들이 얼마나 놀랐을까? 그 동생 간병도 친구는 마다하지 않고 간병을 하였다. 남동생 간호하느라 친구는 자기 몸 돌볼 시간이 없었다. 어느 날 배가 아프기 시작했는데 약을 먹어도 낫지 않고 계속 참았다고 한다. 친구는 참을성이 너무 많았다. 거의 한 달을 참다가 큰 병원으로 가보니 맹장이 터졌다고 하였다. 맹장이 터질 정도면 얼마나 아팠을까? 친구는 바로 입원하고 수술을 하였다. '나는 친구처럼 이런 상황이라면 어떻게 견뎌낼 수 있었을까?' 혼자 생각해보았다. 입원해 있는 친구한테 갔을 때 친구는 애써 담대하게 보이려고 하였다. 친구는 그 수술 후로 아랫배가 가끔 아프다고 한다. 하지만 누나의 지극한 간호에도 불구하고 동생은 천국으로 갔다. 아직 40대 중반 살아갈 길이 많았지만 안타까웠다. 친구는 남동생을 지금도 생각을 많이 한다. 남동생은 천국으로 갔다고 믿고 있다. 나는 친구를 위대하고 훌륭한 사람으로 본다. 이런 고난을 다 이겨낼 수 있었다는 것에 상장을 주고 싶다. 하나님의 은혜가 있을 줄 믿는다.

A씨는 고난이 있었지만, 열심히 살아오셨다. 재산도 어느 정도 있으시다. 건강에 대한 것이라면 운동을 좋아하시고 등산도 좋아하시고 무엇이든 하시던 분이었다. 우리 한의원 오셔서 보약도 지어 드셨다. 성품이 인자하시고 좋으신 분이셨다. 교회에서 봉사도 열심히 하시고 20년 넘게 봉사하신 것으로 알고 있다. 주일이면 한결같이 봉사하시는 모습이 너무 보기 좋았다. 그리고 아랫사람들을 항상 챙기시고 타인을 먼저 배려하는

마음이 착하셨다. 같은 부서에서 봉사를 10년 넘게 하다 보니 자연스레 친숙해졌다. 그런데 작년 5월 A씨는 배가 계속 아팠다고 한다. 약을 먹어도 낫지를 않아 병원 가서 검사해본 결과 췌장암 말기 판정을 받으셨다. 나도 놀라고 A씨를 아는 많은 사람이 놀랐다. 췌장암은 알았을 때 이미 말기이고 치료할 수 없는 것이라고 보통 알고 있다.

A씨는 평소에 건강에 자신이 있다고 항상 말하였다. 우리는 A씨의 건강을 위해 열심히 기도하였다. 병원에서는 더 이상 할 방법이 없다고 하여 집에서 요양 중이셨다. 결국 A씨는 5개월 정도 투병하시다가 돌아가셨다. 70세이시면 요즘은 장수하는 시대라 더 사실 수 있으신데 안타까웠다. 정말 건강의 소중함을 많이 생각하는 작년이었다. 평소에 우리는 건강검진을 항상 해두어야겠다고 생각했다. A씨는 하나님 나라 천국으로 가신 줄 믿는다.

내가 결혼 전 은행 근무할 때 거제 지점 근무 당시 집이 너무 멀어 거제 사시는 사촌 언니 집에서 다녔다. 사촌 언니는 나보다 17년 많으시다. 친정 집안에서 내가 제일 막내니까 사촌 언니랑 나이 차가 많이 난다. 사촌 언니도 삶을 힘들게 살아오셨다. 가난한 살림에 형부는 무능하고 생활비를 언니 혼자 벌어서 살아야 했다. 내가 언니 집에서 다닐 때만 해도 집이 좀 허름하였다. 그리고 언니는 그때 돈으로 5만 원을 집값으로 내라고 하여 매달 5만 원을 내고 다녔다. 지금 생각하면 엄청나게 싼 월세였다.

　화장실은 본체와 떨어진 곳에 있는 수세식 화장실이었다. 언니는 안 먹고 안 입고 안 쓰면서 억척같이 살아오셨다. 애들 옷도 안 사입히면서 알뜰살뜰 모은 돈으로 작은 그 집을 마련하셨다. 그리고 사촌 언니는 딸만 셋을 낳고 장손이었는지 아들을 낳고 싶어 나이 40에 아들을 낳았다. 그 아들도 언니는 직장 생활해야 해서 위탁모에게 애기를 맡기고 일을 계속하셨다. 그리고 딸들 3명 모두 4년제 대학 졸업시키고 아들도 대학 4년제 졸업을 하였다. 지금은 그 집을 원룸으로 새로 지어 세를 놓고 있는 것 같았다. 지금도 그 사촌 언니와 통화를 한다. 언니는 너무 억척스럽게 살아왔다고 하니 그때는 그렇게밖에 살 수 없었다고 한다. 그리고 자녀들 교육 잘 시키고 살림도 늘었다고 언니를 칭찬해주니 좋아하셨다. 언니는 내가 먼저 전화하기 전에 나에게 먼저 전화를 하신다. 나를 생각해주는 마음이 참 고마웠다

　"내가 아닌 모습으로 사랑받느니 차라리 있는 그대로의 내 모습으로 미움받겠다."라는 말이 있다. 다른 사람이 규정하고 기대하는 대로가 아니라 그냥 나대로 나답게 살면 참 자유롭고 자연스러운 법인데 그게 쉽지 않다. 때론 나 자신조차 나다운 게 뭔지 헷갈릴 때도 있다. 나답게 산다는 것은 주변에 휩쓸리기보다 자신의 기준을 갖고 살아가는 것으로 생

각한다. 김수현 작가님은 자신에 대한 이해를 바탕으로 스스로 판단하고 결정하며 삶을 일구는 것이 나다운 삶이라고 한다.

우리는 세상의 기대와 잣대, 그리고 주어진 역할에 너무나 충실하며 살아가느라 정작 중요한 자신을 놓치며 살게 되는 것 같다. 때때로 자기 자신에게 나다운 삶을 찾을 기회를 주었으면 좋겠다. 자신이 좋아하는 것, 원하는 것이 무엇인지, 나는 어떤 사람인지 스스로에게 질문하고 답해보는 시간이다. 그럴 때 우리가 덜 흔들리고 내 방식과 기준으로 스스로를 지키며 살 수 있다.

# 내면의 소리를 바탕으로
# 과감하게 결정을 내려라

작년 엄마가 아프시면서 부산복음병원에 입원해 계셨다. 엄마를 간병할 사람이 없으니 간병인을 쓸 수밖에 없었다. 인건비도 하루 10만 원이다. 24시간 간병을 해야 한다. 입원하고 며칠있으니 막내오빠가 전화 왔다. 엄마가 밤에 막 소리를 지르며 난리를 쳤다는 것이다. 노인분들이 낯선 환경에 밤에 그런 현상이 나타난다고 한다.

나는 일하는 중에 그런 전화를 받아 또 걱정되었다. 엄마가 이상한 사람 되는 거 아닌지. 수술을 해야 하나 말아야 하나 고민 되었는데 다행히 영양제와 수액으로 요로결석이 많이 좋아지셨다.

나는 또 토,일요일을 이용해 부산으로 향했다. 부산도 서울에서 통영 거리만큼 되었다. 엄마는 밤에 병실에서 소리를 지른 일 때문에 1인실에 계셨다. 내가 갔을 때 둘째 오빠와 올케언니가 와있었다. 엄마가 하는 말이 "너거한테 미안하다이" 엄마는 아파서 병원에 있는 것이 자식들한테 미안했던 것이다. 엄마는 자식들 고생시킨다고 생각했다. 사람이 아플수도 있지, 항상 건강하기만 하겠는가? 간병인 아줌마는 엄마한테 잘해주시는 것 같았다. 나는 엄마 팔다리도 주물러 드렸다. 엄마는 혈색이 많이 좋아지고 건강해 보였다. 둘째 오빠, 올케언니와 저녁을 먹고 막내오빠 집에서 자고 다음 날 오빠, 언니와 맛집으로 가서 식사하였다. 점심을 먹고 오빠가 벚꽃을 보여준다고 구경을 하는데 마음이 기쁘지 않았다. 사진 찍고 싶은 감정이 없었다. 벚꽃은 하얗고 이뻐 보였다. 아마 엄마가 아파 계시니 마음이 뒤숭숭하여 그런것 같았다. 나는 월요일 출근해야 해서 다음 날 올라왔다.

그렇게 엄마는 일주일을 더 입원해 있다가 퇴원하셨다. 퇴원을 하고 엄마는 시골 통영으로 가셨다. 그런데 엄마가 아픈 뒤로 살려고 하는 의욕이 없으신 것 같았다. 집에 계시면서 뭘 챙겨 드시려고 하지 않고 누워만 계신다고 하는 것이다. 나는 엄마가 혼자 계시니 매일 전화를 했다. 멀어서 가보지는 못하고 매일 끼니는 드시고 계신지 전화라도 하였다. 엄마는 일주일 통영에 계시다가 결국 둘째 오빠 집으로 가게 되었다. 둘째 오빠네도 어쩔 수 없이 엄마를 모시게 된 것이다. 그리고 국민건강보험공단에 신청하여 5급 판정을 받았다. 엄마가 알츠하이머 진단 받은 것도 있고 왼쪽 팔을 거의 못 쓰신다. 엄마는 김해 둘째 오빠네서 노인들 돌봐주는 데이케어센터에 다니게 되셨다. 그렇게 엄마는 거의 1년을 둘째 오빠네서 지내셨다. 올해 6월부터 다시 통영으로 내려가셨다. 사실 올케언니가 힘들기는 하다. 하지만 1년 동안 둘째 언니가 엄마를 모셔준 것만도 정말 고맙다. 그래서 엄마 건강이 많이 좋아지셨다.

엄마는 통영에서도 데이케어센터에 다니고 계신다. 알츠하이머 치매가 있어 집에서 불을 못 쓰게 하고 있다. 혹시나 불을 켜놓고 잊어버리고 있다가 화재가 날 수도 있어서다. 엄마가 통영 가시고 일주일 지나고 나는 엄마가 궁금하여 토요일 직장 끝나고 내려갔다. 집이랑 엄마 혼자 어떻게 하고 있나 염려되었다. 그리고 사촌 오빠가 병원에 입원해 계신다고 하여 병원도 들릴 겸 기도 중에 통영 가고 싶은 마음이 계속 생겼다.

사촌 오빠는 올해 3월에 폐암 말기라는 판정을 받으셨다. 폐암은 거의 말기 돼야 안다고 하니 그동안 모르셨나 보다. 병실을 들어서니 사촌 오빠는 산소호흡기에 의지하여 숨만 쉬고 있는 중이셨다. 얼마 전까지만 해도 건강하셨던 분이 사람도 거의 못 알아보시고 숨만 쉬고 있는 모습이 너무 불쌍해 보였다. 그 모습을 보고 있자니 눈물이 났다. 사촌 오빠는 형제 중에 제일 착실하여 재산도 어느 정도 있으시고 효자셨다. 우리 아버지 살아계실 때는 명절마다 찾아오셔서 용돈을 꼭 챙겨드리고 가셨다. 사촌 오빠는 내가 병원에 간 다음 날 돌아가셨다.

사촌 오빠가 입원해있던 병원을 나서고 나는 엄마한테 가기 위해 마트에서 장을 봤다. 이제는 집에서 밥을 못 해 먹으니 반찬거리와 국거리 엄마가 좋아하는 떠먹는 요구르트, 과일이랑, 마음은 더 사고 싶은데 들고 가야 해서 많이 사지를 못했다. 집에 가니 엄마는 너무 좋아하신다. 멀리 서울에서 딸이 오니 기뻐하신다. 하지만 엄마 마음 한구석에는 허전함이 있으시다. 하나밖에 없는 딸이 사위랑 같이 오면 좋을 텐데 항상 딸만 온다. 나는 엄마가 불쌍한 듯이 나를 바라볼 때면 얼른 다른 말로 화제를 바꾼다. 몇 년 전까지만 해도 통영집에는 아버지와 엄마가 항상 같이 계셨다. 아버지는 3년 전 2달만 입원해 계시다가 돌아가셨다.

나는 불효녀다. 엄마, 아버지 마음을 아프게 해드렸고 아버지는 딸이 잘사는 모습도 못보시고 돌아가셨다. 아버지가 병원에 계실 때 나는 아버지에게 물 한 모금도 드리지 못하는 딸이었다. 그리고 아버지 입원해 계실 때 병원에서는 음식물을 일체 못 먹게 하였다. 아버지는 2달을 수액과 영양제로만 맞고 계셨다. 그리고 운동도 못 하게 하였다. 침실 생활에다 음식은 못 먹고 수액만 맞다 보니 결국 아버지는 돌아가셨다.

나는 엄마가 시골에서 데이케어센터 다니시면서 그럭저럭 잘 지내시는 줄 알았다. 그런데 얼마 전 둘째 오빠한테서 전화가 왔다. 목소리가 짜증 섞인 목소리였다. 통영 동네에 사시는 주변 분들이 엄마로 인해 힘들어하신다고 하였다. 엄마가 평일에는 데이케어센터에서 식사를 다 하지만 일요일은 안 가기 때문에 집에서 끼니를 해결해야 한다. 그런데 엄마가 집에 계시면 밥을 알아서 챙겨 드시지를 않는다고 하였다. 그러다 보니 동네 주변분들이 아무래도 신경이 쓰였나 보다. 어떤 동네분은 둘째 오빠에게 전화해서 동네분들이 엄마로 인해 힘들어하신다고 하였다고 한다. 그리고 엄마를 요양병원으로 모시는 게 낫지 않냐고 말했다는 것이다. 둘째 오빠는 그말을 들으니 기분이 매우 나빴었나 보다. 우리가 알아서 할 텐데 다른 사람이 이래라저래라하니 마음이 상해서 나한테 전화를 한 것이다. 나도 오빠 말을 그냥 들어주기만 해도 될 텐데 오빠가 짜증을 내니 나도 짜증이 좀 났다. 얘기를 듣다가 나는 오빠 왜 그렇게 짜증을 내느냐고 말하였다. 그랬더니 오빠는 남한테서 엄마 얘기를 들으니 기분이 나빠서 그랬다고 하였다.

그리고 다음 날 막내오빠가 전화와서는 대뜸 엄마를 요양병원으로 보내자는 것이었다. 막내오빠도 엄마로 인해서 스트레스를 받는지, 이제는 더 이상 못 참겠다면서 엄마를 요양병원으로 보내야 한다는 것이었다. 그러면서 오빠는 요즘은 요양병원도 잘 돼 있어 괜찮다고 하였다.

예전처럼 그런 요양병원이 아니라고 하면서 오빠는 나를 설득하려고 하였다. 그리고 엄마가 지금은 정상적인 상태가 아니라 이웃분들에게 민폐를 끼친다는 것이다.

사실 나는 엄마를 요양병원으로 보내고 싶지 않았다. 그리고 엄마한테 물어보기도 했다. 요양병원으로 가실 거냐고 하니 엄마는 요양병원 가기 싫다고 하셨다. 나는 그냥 사는 데까지 자유롭게 시골에 계시다가 몸을 못 가눌 정도 되면 요양병원으로 보낼 생각이었다. 그리고 엄마 상태가 지금은 어중간하다. 치매가 심하지도 않은 최근 기억력이 없다는 것이고 대화가 되고 말귀를 다 알아들으신다. 특히 옛날 일은 기억을 잘하신다. 몸도 움직이지 못할 정도가 아니라 한쪽 팔을 못 쓰시고 움직이고 걸어다니시는 데는 불편함이 없으시다. 그런 분이 자유롭지도 못한 요양병원에서 사시게 하고 싶지는 않았다. 하여간 둘째 오빠와 나는 요양병원을 안 보낸다는 의견이고 막내오빠는 요양병원으로 보내자는 의견이다. 지금은 막내오빠가 하는 말이 맞다는 생각도 든다. 너무 내 생각만 내세울 것이 아니라 다른 사람 말도 들어야 한다.

이런 문제는 우리만의 문제가 아닌 사회적인 문제라고 생각한다. 주변에서도 보면 부모님을 모시고 힘들어하는 경우가 있다. 시어머니를 모시다가 다리를 다쳐 요양병원으로 모셨는데 치매가 심하셔서 병원에서 똥을 싸고 벽에다 바르고 했다는 것이다. 그런 증상이 밤에 더 심하다고 하신다. 그런 일이 반복되니 병원에서는 손발을 묶어놓을 수밖에 없다. 손발을 묶으니 또 풀어달라고 난동을 부린다고 한다. 그 할머니는 몇 달을 가족들을 힘들게 하시더니 돌아가셨다. 치매도 이쁜 치매가 있고 나쁜 치매가 있다고 한다. 사람을 보면 막 화를 내는 사람이 있고, 웃는 사람이 있다고 한다. 엄마는 성격이 온순해서 그런지 화를 내는 치매는 아니다. 다행이다. 감사하다. 텔레비전에서 일본의 치매 환자들 돌보는 프로그램이 있었다. 일본은 치매 환자들 한 분 한 분 간호사들이 일대일로 돌보고 있었다. 치매 환자들도 사랑을 먹고 싶어 한다고 한다. 치매 환자라고 이상하게 볼 것이 아니라 사랑으로 한 사람의 인격체로 대해야 한다고 한다. 일본의 경우 간호사들이 치매 환자들과 종일 일대일로 대화를 하면서 돌보니 환자들이 많이 좋아졌다는 평가가 나왔다. 하지만 우리나라는 아직까지 그런 프로그램이 없는 것 같다.

요즘은 100세 시대 노인인구가 많이 늘어나는 세대다. 우리나라도 치매 환자들을 잘 돌볼 수 있는 프로그램이 생겼으면 좋겠다.

## 5장

이제부터
행복을 선택하라

# 01

## 이제부터 행복을 선택하라

작년 여름 엄마와 여름휴가 겸 여행을 하기로 결정했다. 그러고 보니 부모님과 형제끼리 여행을 해본 적이 없다. 오빠들도 결혼하고 각자 삶을 산다고 바쁘고 나도 통영에서 서울까지 멀리 시집오다 보니 거리도 멀고 같이 여행할 여유를 갖지 못했다. 아버지 살아 계실 때는 아버지가 한쪽 다리를 의족을 하고 계시니 어디 외출한다든지 여행 같은 것은 안 가시려고 하셨다. 엄마도 아프시기 전에는 같이 여행할 생각도 못 했다. 그런데 엄마가 아파서 병원에 입원해 계시니 같이 여행을 못 해본 게 후회가 되었다. 돌아가신다면 더 후회될 것 같았다. 부모님과 여행이라면 초등학교 소풍 갔을 때 엄마와 동행했다는 것뿐이다.

요즘 사람들 사는 것 보면 형제끼리 계를 해서 여행을 한다든지, 맛집을 찾아다니며 먹방 투어를 하기도 한다. 그런데 우리 같은 경우 여자 형제가 나 혼자고 오빠들이다 보니 서로 연락을 자주 하지 않았다. 오빠들도 말수가 없고 무뚝뚝한 편이라 서로 단합하는 게 없었다. 작년 엄마 아프고 나서 오빠들과 단톡방을 열어 엄마 일로 무슨 일 생기면 서로 연락한다. 요즘 SNS 발달이 참 편리하고 좋은 것 같다. 막내오빠가 회사에서 제공하는 펜션이 있다고 하였다. 강원도와 충남 보령 중에 보령을 택했다. 강원도는 가려니 엄마가 너무 멀고 힘들 것 같았다. 나는 한의원에 얘기하여 미리 휴가 날짜를 정했다. 작년은 원장님도 8월 15일 정도 말씀하시기에 그날을 한의원 휴가 날로 정했다. 3박 4일 휴가 날이다.

나는 둘째 오빠와 언니, 막내오빠와 언니랑 같이 가는줄 알았다. 내가 순진했다. 결국은 둘째 오빠도 못 가고 막내오빠와 엄마 나하고 우리 딸하고 가게 되었다. 막내오빠는 엄마를 모시고 김해서 출발하고 나와 딸은 서울에서 새마을호 기차를 타고 출발했다. 여행은 항상 설렌다. 이번에는 가족과 여행이라 더 마음이 기쁘고 좋았다. 서울역에서 보령까지 3시간 걸린 것 같았다. 기차 안에서 친구와 통화를 하니 딸이 시끄럽다고 빨리 끊으라고 한다. 보령역 도착하니 오빠는 엄마와 먼저 도착해서 우리를 기다리고 있었다. 차 문을 열고 엄마를 보니 좀 건강해진 모습이었다.

"엄마, 먼 데까지 온다고 고생했네."

"힘들지 않았어?"

"응, 계속 자다가 와서 괜찮다."

엄마는 항상 머리만 닿으면 잠을 잘 주무신다. 건강 비결 중의 하나다.

일단 우리는 근처 마트에 가서 시장을 보고 횟집으로 갔다. 바닷가에서 먹는 회는 맛있었다. 엄마와 오빠와 외식하는 것도 오랜만이라 즐거웠다. 엄마에게 먹을 것을 챙겨드리면서 나도 먹었다. 그리고 보면 우리 가족이 다 회를 좋아한다. 식사를 하고 횟집 주변을 돌아보았다. 주변 바닷가 경치가 좋았다. 저녁이 되니 서해안 노을이 지는 풍경이 멋있었다. 둘째 날은 펜션에서 조금 떨어진 레일바이크를 탔다. 사람들이 많아 한참 기다리다 타게 되었다. 수영장이 있고 해안 주변을 돌면서 자전거처럼 타고 가는 것이다. 레일바이크를 왔다 갔다 하다 보니 벌써 점심 시간이 되었다. 수영장 주변에 있는 칼국수 가게를 가게 되었다. 해물이 들어간 칼국수가 시원하고 맛있었다.

점심을 먹고 수영장에서 수영을 하였다. 수영장 와본 지도 몇십 년 만인 것 같다. 그동안 일하고 먹고살기 바쁘다 보니 수영장도 제대로 못 왔다. 수영할 옷은 며칠 전 사두었다. 튜브를 끼고 딸하고 열심히 수영을 하였다. 물에서 흐느적거리며 하늘을 바라보며 여유를 만끽하였다. 나는 조금 욕심을 내어 바다에서 멀리 가려다가 수영장 관리하시는 분이 호루라기를 불며 안으로 들어오라고 하는 바람에 더 멀리 나가지를 못했다. 딸이 옆에서 엄마 왜 자꾸 멀리 가냐고 말리기도 했다. 엄마와 오빠는 모래사장에 누워 계신다. 수영을 하고 주변 가볼 만한 곳을 돌아다녔다. 동굴이라고 하는데 들어가 보니 찬 냉장고 같은 분위기였다. 너무 추워서 오래 있지는 못하고 나왔다. 그리고 유명한 공원으로 들어갔더니 이쁜 카페가 있었다. 꽃을 말려서 이쁜 색깔로 칠해서 장식한 아름다운 카페였다. 사진 찍기에 좋은 장소였다. 엄마와 오빠 딸이랑 사진을 많이 찍었다. 아이스크림과 차도 엄청 맛있었다.

저녁은 조개구이를 먹었다. 해수욕장 주변으로 조개구이 가게들이 엄청 많이 있었다. 조개구이를 먹으면서 오빠가 엄마와 아버지 살아오신 얘기를 하면서 많은 얘기를 나누었다. 형제끼리 이런 많은 얘기를 나누기도 처음이었다. 해수욕장 주변 밤바다는 화려했다. 낮에는 바닷물이 가득했었는데 밤 되니 바닷물이 쏙 빠지고 모래사장으로 가득했다. 주변에는 홀로 노래하는 사람도 있었다. 그다음 날은 내가 준비해간 반찬으로 아침밥을 먹고 태안으로 게국지를 먹으러 갔다. 오빠가 태안에 게국지가 유명하다고 가자고 하였다. 한참을 달려서 원조 게국지 집에는 번

호표를 뽑아서 기다려야 했었다. 한참 기다리다 계국지를 먹어봤지만 그렇게 기다린 보람에 비하면 맛있지는 않았다. 그리고 꽂지 해수욕장을 둘러 보았다. 바람이 너무 많이 불어 해수욕장 파도가 심하게 쳤다. 해수욕장 풍경은 좋은데 저렇게 높은 파도에 사람들이 해수욕은 못할 것 같다는 생각을 했다. 다니면서 엄마를 부축해드려야 했다. 나이가 있으신 만큼 다리 힘도 없으시고 오래 걷는 것은 못 하신다. 엄마 손을 잡고 걷다 보니 피부도 얇고 몸의 근육도 없으시다. 저녁에는 내가 엄마를 씻겨 드렸다. 우리 키울 때는 엄마가 매우 씩씩하셨는데 이제는 우리가 엄마를 돌봐야 한다.

이번 여행은 엄마와 너무 좋은 시간이었다. 해외여행을 가고 거창한 여행은 아니더라도 가족과의 오붓한 시간이 좋았다. 엄마와 집이 아닌 다른 장소에서 시간을 보냈다는 것이 잊지 못할 추억이 될 것 같다.

결혼 초에 시할머니가 계셨다. 우리 신혼집은 길음동이고 시할머니는 암사동에 계셨다. 나는 큰애를 업고 택시를 타고 암사동으로 한 달에 한 번씩 시할머니에게 갔다. 할머니는 혼자 계셨다. 큰애가 증손자니까 할머니는 우리 아들을 엄청나게 이뻐하셨다. 한번은 아들을 업어보시려고 하다가 힘이 없으니 넘어지시려고 하였다. 혼자 계시니 잘 챙겨 드시지도 않고 힘이 없으신 것이다. 시할머니에게 가면 집 청소하고 반찬거리 만들기가 바빴다. 손자들이 있어도 할머니를 누가 챙기는 사람이 없었다. 시할머니는 가면 자주 이불장을 뒤져놓고 돈이 없어졌다고 하였다. 돈뿐만이 아니고 다른 것도 없어졌다고 찾고 계시기도 했다. 그리고 작은시숙을 막 욕하기도 했다. 그때는 몰랐지만 지금 생각하니 할머니는 치매가 있으셨다. 요즘은 우리나라 노인복지가 잘되어 있어 치매 예방도 잘되어 있고 치매 어르신 돌봄이 잘되어 있다. 하지만 할머니 돌아가실 때는 지금과 같은 복지가 없었다. 할머니는 97세로 돌아가셨다.

남편과는 남남처럼 지내지만 시어머니와 연락을 하고 지낸다. 내 성격 상 매몰차게 사람을 외면하지 못한다. 그리고 시어머니 살아온 인생이 불쌍해서이다. 결혼 초 시어머니는 아이 배냇저고리랑 이불을 다 사주셨다. 감사했다. 그리고 연락이 잘 안 되다가 몇 년 전부터 연락하고 지낸다. 아버님이 살아계실 때라 연락을 잘 할 수가 없었다. 5년 전 시어머니께서 간곡히 부탁을 하시는 게 있었다. 돌아가시기 전 소원이 하나 있다고 하시면서 시외삼촌 생일 겸 외삼촌 댁에 가자고 하셨다. 시어머니는 형제가 시외삼촌과 두 분이시다. 어머님은 자기 손자와 손녀들 자랑을 하고 싶었다. 왕복 교통비를 어머님이 해주시고 애들 큰집 아들 딸, 나, 우리 아들, 딸, 시누이와 아들 딸이 같이 기차를 타고 여행을 하게 되었다. 전북 임실까지 가야 했다.

나는 가는 동안 애들도 있고 해서 과일과 간식을 준비했다. 용산역에서 출발하였다. 어머님은 외삼촌이 탁주를 좋아하신다고 아는 사람이 탁주를 가지고 오셨다. 기차를 타고 가는 동안 아이들은 사촌 간인데도 뭔가 서먹서먹하였다. 그렇기도 하다. 사촌이라도 자주 왕래가 없다. 기차 여행은 항상 편안함과 즐거움이 있다. 내려가는 동안 어머님 혼자 말씀을 다 하시는 것 같다. 주로 말씀하시는 것이 옛날 살았던 얘기들이다. 나는 그런 얘기들을 들어준다. 어머님은 그런 얘기들로 스트레스를 푸는 것일 것이다.

역에 도착하니 외삼촌 아들이 데리러 왔다. 시외삼촌은 아들 하나, 딸이 다섯 명이다. 외삼촌은 대학까지 나오셔서 초등학교 선생님을 하시다가 정년퇴임을 하셨다. 외삼촌은 우리가 가니 참 좋아하셨다. 성격도 참 인자하시고 좋으시다. 외숙모님은 우리를 위해 고기랑 반찬을 많이 하셨다. 나보고 아이들 잘 키우고 있다고 천사라고 하신다. 칭찬을 많이 해주셨다. 외삼촌 생일이라고 케이크를 켜고 노래를 불렀다. 외삼촌이 참 좋아하시는 것을 보니 마음이 뿌듯했다. 내가 좀 힘들더라도 먼 거리를 가서 부모님들이 좋아하시는 것을 보면 내가 행복하다.

# 02

# 이제부터 이기적으로 선택하라

추석이다. 올해는 코로나 때문에 명절인데도 거의 움직이지 않는 추세다. 요즘 통영 엄마에게 매일 전화를 한다. 엄마가 알츠하이머를 앓고 나서부터 걱정도 되고 전화를 자주 한다. 다른 부모님들은 코로나 때문에 고향에 내려오지 말라고 하지만 엄마는 자식들이 자꾸 보고 싶은가 보다. 손자 손주들도 보고 싶다고 하신다. 아들은 안 간다고 하고, 이제 성인이라 내 마음대로 억지로 가자고 할 수도 없다. 딸과 함께 통영 내려가는 길이다. 평소 많이 붐비던 지하철도 한산하다. 고속도로도 막히지 않는다. 작년 추석에는 휴게소에서 화장실 한번 가려면 줄이 엄청나게 길었었다. 화장실 한번 갔다 오면 고속도로 쉬는 시간이 다 가버렸다.

항상 내 고향 통영 내려가는 길은 설레고 기쁘다. 연애 시절 남편은 자기 고향 서울이 좋다고 하였다. 나는 내 고향 통영이 좋다. 가는 길은 부모님을 뵐 수 있고 형제들, 조카들 본다는 기분에 기쁘다. 결혼하고 나서 명절에는 거의 고향에 내려가지 못했다. 차도 많이 막히기 때문이다. 명절에는 시댁으로 차례 지내러 갔다. 나는 남편과 사이가 나쁘면서도 명절에는 시댁으로 다녔다. 그리고 시아버지께서 돌아가시고 명절에 통영으로 내려가기 시작했다.

예전 한번은 설날이었다. 눈이 엄청 많이 와서 차가 많이 지체되었다. 고속도로에서 거의 차가 걸어가고 있었다. 보통 4시간에서 5시간 걸리는데 그날은 12시간 걸린 것 같다. 차도 우등고속이 아니라 일반버스였다. 일반버스는 우등보다 옆 사람과의 간격이 좁다. 옆 사람하고는 모르는 사람이라 말을 할 수도 없다. 그 긴 시간을 고향에 간다는 마음으로 참았던 것 같다. 부모님 옷이라도 사 와서 드리면 부모님은 좋아하신다. 조카들 용돈을 주면 조카들도 좋아하고 나도 뿌듯하다. 그런 사소한 감정으로 살아가는 맛이 있는 것 같다.

16년 원장님이 쓰러지시고 어쩔 수 없이 폐업을 하게 되고 우리는 직장을 쉴 수밖에 없었다. 거의 10년 동안은 직장 생활하면서 추석 설날 휴가 때 4일 정도 쉬고는 길게 쉬는 날이 없었다. 쉬는 기간이 제일 길어진 건

이때였다. 두 달 정도 쉬는 기간이 있었다. 고용보험을 타게 되었지만, 고용보험에서도 되도록 빨리 취업하는 쪽으로 일이 진행되었다. 서울에는 같은 고향 친구 세 명이 산다. 서초동 친구는 몸이 좋지 않아 쉬고 있었고 노량진 친구도 잠시 쉬고 있었다. 세 명이 함께 2박 3일 여행을 하기로 하였다. 친구들과 나 자신을 위한 여행을 해보고 싶었다.

나는 서울과 경남 지역은 잘 알고 있지만, 전라도 지역은 가보지도 못했고 생소했다. 서울역에서 기차를 타고 여수행으로 향했다. 기차여행은 안정감과 편안함을 주는 것 같다. 3시간에서 4시간 정도 달렸다. 여수에 도착하니 여수 엑스포라고 반겨준다. 바닷가 주변이라 바다 경치가 보기 좋았다. 걸어서 갈 정도로 오동도 섬이 있었다. 오동도로 들어가는 작은 동백 열차가 있었지만 우리는 걸어서 들어갔다. 오동도는 동백꽃으로 유명한 한려해상국립공원이다. 동백꽃은 화려하지는 않지만 무언가 자기만의 슬기로움을 지니고 있는 것 같다. 동백꽃은 남해안 쪽으로 널리 있는 꽃이다. 통영과 거제 쪽으로도 동백꽃이 많이 있다. 그리고 해변을 따라 도는 레일바이크를 탔다. 열심히 페달을 밟아야 가는 바이크이다. 해변 경치를 보면서 밟는 바이크는 재미있었다. 동심의 세계로 가는 느낌이었다. 다음 날은 순천으로 향했다.

순천 여행지, 드라마 촬영장, 낙안읍성, 순천만 습지, 순천만 국가정원

등이 있다. 드라마 촬영지는 옛 모습을 그대로 재현해놓은 추억을 가다듬을 수 있는 곳이었다. 먼저 옷을 예전에 입던 교복으로 갈아입고 돌아다녔다. 노래방처럼 되어 있는 곳은 음악에 따라 저절로 춤이 나왔다.

예전의 영화관을 그대로 재현해놓은 곳에서는 저절로 카메라 셔터가 터졌다. 달동네를 그대로 만들어놓은 곳에서는 저절로 눈길이 갔다. 신기하고 옛 추억을 살릴 수 있는 곳이었다. 그다음 순천만 습지는 철새 도래지 서식지의 생태환경 보존지역이다. 순천만은 세계 5대 연안습지 중 하나로 우리나라 유일의 흑두루미 월동지고 멸종 희귀종의 서식지이다. 끝없이 이어지는 억새풀이 장관이었다. 낙안읍성은 조선 시대 마을이 원형 그대로 보전되어 있는 곳이다. 1626년 낙안군수로 부임한 임경업 장군이 석성을 쌓은 덕분에 지금 모습이 간직되어 있다고 한다. 왜구가 넘볼 수 없도록 흙 대신 돌을 차곡차곡 쌓아 올린 견고한 성곽과 옹기종기 모여 있는 초가집들이 장관을 이루었다. 어쩔 수 없는 직장 휴식이 생겼고 친구들과의 여행은 즐겁고 힐링 되는 시간이었다.

친구들 네 명이 계를 하는 게 있다. 통영 친구, 창원 친구, 서울에 나포함 2명, 네 명이다. 친구들은 결혼하기 전부터 아는 친구들이다. 10년 전 통영 친구 창원 친구가 서울에 놀러 왔었다. 결혼하고 나서 처음 친구들이 서울 나들이 온 것이다. 반갑고 나는 친구들에게 잘해주고 싶어 저녁을 맛있는 고기집에서 먹었다. 그런데 친구의 식성을 잘 몰라 한 친구가 고기를 좋아하지 않았다. 그 친구한테는 미안했다. 오랜만에 서울 온 친구들에게 재밌게는 해주고 싶었다. 저녁을 먹고 노래방에서 신나게 노래를 불렀다. 그리고 서울의 나이트클럽을 구경해주고 싶어 나이트클럽을 갔다. 우리가 들어가니 점원들은 순진한 아줌마들이 오신다고 말하는 것 같았다. 우리는 신나게 놀다가 집으로 왔다.

그리고 1년 뒤 우리는 다시 창원에서 가까운 지리산 계곡으로 내려갔다. 창원 친구가 지리산 계곡을 추천하여 가게 되었다. 가족 동반 여행 겸 휴가였다. 예전의 아가씨에서 이제는 다들 결혼하여 남편과 아이들을 데리고 휴가를 같이 하게 되었다. 저녁은 삼겹살로 숯불구이를 해 먹었다. 창원 친구 남편이 고기 굽느라 수고를 많이 했다. 인원이 많으니 고기를 굽는 대로 없어졌다. 야외에서 먹는 고기 맛은 더 맛있다. 하룻밤을 자고 아침 일찍 산책 겸 등산을 하였다.

산비탈 오솔길처럼 걷는 것이다. 창원 친구는 시댁이 농사를 지으니 매주마다 시댁에 가서 농사일을 도왔다고 한다. 그래서인지 창원 친구는 풀 이름과 산에서 나는 나무 이름 등을 잘 알고 있었다. 아침 산책이 심심할 수 있는데 친구가 조잘조잘 얘기해주니 심심하지 않고 걸을 수 있었다. 아침을 산에서 걷는 것도 힐링이 되고 기분이 너무 좋았다. 그리고 계곡에서 수영하였다. 계곡물은 너무 차기는 했지만 깨끗한 물이 마음을 상쾌하게 하였다. 특히 우리 아들은 평소 물을 좋아하지 않는데 자기가 물속에 들어갔다 나와 보겠다면서 잠수를 하기도 했다. 그 모습이 대견하기도 했다. 창원 친구는 친구들 온다고 밑반찬 준비를 많이 했었다. 부지런한 친구다. 그래도 친구라는 것이 끈끈한 정이 있어 멀리 서울까지 오기도 하고 창원까지 내려가기도 한다.

10년 전부터 스마트폰이 널리 퍼지면서 SNS가 많이 발달하였다. 그러면서 초등학교 동창 모임, 중학교 동창 모임 등 모임이 널리 퍼지고 모르고 지내던 사람들이 만남을 하게 되었다. 우리는 시골 작은 중학교였지만 동창들이 초등학교 동창들처럼 친숙함이 있다. 우연히 친구 소개로 중학교 밴드에 가입하게 되었다. 벌써 중학교 시절은 36년 전이다. 통영에서 서울 경기도 있는 친구들 모임을 했다.

서울은 우리 동네 여자친구들 세 명과 그 외에는 경기도에 사는 친구들이 많았다. 서울과 경기도라고 하여 서경 모임인 중학교 동창 모임이 생겼다. 처음 친구들을 보니 중학교 때의 모습이 보이는 친구들이 있었다. 중학교 시절의 앳된 모습에서 이제는 중년을 넘어 오십을 넘긴 나이들이다. 세상살이 세상 풍파를 어느 정도 맞이했을 나이가 되었다. 얼굴에는 주름이 자글자글 늘었다. 친구들은 어려서 자란 친구들처럼 편안했다. 직업들도 다들 다양하다. 직업군인이 된 친구, 우리나라 대표 큰 기업체 근무하는 친구, 개인 사업하는 친구 등 직업에 상관없이 동창이라는 게 추억이 있고 좋은 친구인 것 같다.

　16년 4월에는 중학교 13회 동창회와 은사님을 모시고 감사의 밤을 여는 시간을 가졌다. 중학교 담임선생님들을 모시고 여는 감사의 밤이다. 선생님들도 어느덧 세월의 흔적으로 많이 늙으신 얼굴들이었다. 어느 여선생님은 중학교 시절에는 이쁜 얼굴이었는데 지금은 나이가 드셔서 그런지 얼굴이 더 못생기게 변하신 분도 계셨다. 세월이 그만큼 많이 흘렀다는 증거일 것이다. 선생님들에게 감사의 표시로 꽃과 선물을 드렸다. 그리고 재밌는 게임과 노래 시간이 있었다. 여러 사람이 모이면 항상 노래 잘하는 사람이 있고 재밌게 하는 사람이 있다. 친구들도 이제는 50을 바라보니 많이 변한 모습, 어떤 친구는 별로 변하지 않은 친구들, 그냥 친구니까 좋다. 추억을 되돌릴 수 있어 좋다. 내가 행복하고 힐링이 되면 최고의 선택이라고 생각한다.

# 03

# 고민은 그만하고 행동을 하라

나는 개인적으로 이수근 서장훈의 〈무엇이든 물어보살〉 프로그램을 좋아한다. 선녀 보살 서장훈과 아기 동자 이수근이 합심해 일반인들의 고민거리를 신통방통하게 해결해주는 프로그램이다. 냉철한 판단력을 토대로 거침없이 돌직구를 날리는 서장훈과 어떤 상황에서도 재치 만점 유쾌한 해답을 안길 이수근이 의기투합해 누구나 하나씩 마음에 품고 있는 꽉 막힌 고민을 확 뚫어준다. 이들은 신들린 촉을 발휘해 눈빛만 보고도 서민들의 고민이나 생각까지 알아낸다.

그중에 한 여고생의 고민 이야기가 기억에 남는다. 엄마와 같이 사는

데 엄마와 헤어질 상황에 처해 있었다. 여고생의 엄마는 필리핀에서 우리나라 남자와 결혼했지만, 남편의 폭력으로 헤어지고 이 여고생과 살고 있었다. 그런데 엄마가 여권 기한이 다 되어 필리핀으로 다시 돌아가야 할 상황이었다. 이 여고생은 엄마와 필리핀으로 가느냐, 아니면 한국에 남아서 혼자 사느냐가 고민이었다. 필리핀으로 가서 딱히 할 것도 없고, 한국에 혼자 있자니 누가 돌봐줄 사람도 없는 입장이었다. 이 여고생의 꿈은 가수 아이돌이 꿈이었다. 나중에 방송이 끝나고 뒷얘기를 들어보니 이 여고생은 엄마와 같이 한국에서 살게 되었고 아이돌의 꿈 가수가 될 수 있게 연습생으로 캐스팅되었다는 소식을 들었다. 이 여고생이 고민을 안고 그냥 살았다면 문제는 해결되지 않았을 것이다. 그러나 용기를 내어 고민을 털어놓으니 문제가 좋은 쪽으로 해결이 되었다. 평범한 사람들의 고민을 들어주고 해결해주니 내가 기쁘다고 생각한다. 그리고 자신의 문제점을 깨닫고 사람들이 변화하는 것이 있어 더 좋은 프로그램인 것 같다.

또 어떤 청년은 부모님 살아계실 때는 부유하게 살다가 부모님이 이혼하시고 두 분 모두 돌아가시니 돈을 흥청망청 막 써대던 청년이 있었다. 비싼 대출을 해서 차를 빌려서 타고 다니고, 하고 싶은 것을 절제를 못하고 빚을 내면서 쓰는 청년이었다. 서장훈 씨가 하는 말이 지금은 젊어서 돈이 없어도 혈기로 살아갈 수 있지만, 나중에 늙어서는 돈이 없으면 사람이 초라해진다고 조언을 하였다. 이 청년이 스스로 깨닫고는 다시는 돈을 막 쓰지 않겠다고 다짐하는 것을 보았다. 이처럼 한 사람의 인생을 변화시켜주는 프로그램이다. KBS 〈안녕하세요〉도 즐겨 보던 프로그램이었다. 지금은 종방되었지만 나는 드라마보다는 실제로 우리에게 도움이 될 수 있는 프로그램을 좋아한다. 거기에 나오는 평범한 사람들의 이야기도 좋아한다.

사람들은 누구나 살아가면서 고민거리는 있다. 건강 문제가 생길 수도 있다. 건강에 이상이 생기면 당장 병원을 가야 한다. 특히 암 같은 경우는 고민할 필요 없이 수술을 먼저 해야 한다고 생각한다. 종양을 떼어내고 방사선 치료를 하고 다른 방법으로 치료를 할 수도 있다. 어떤 한 지인은 허리디스크로 고민이다. 그런데 수술을 해야 할지 말아야 할지 고민이다. 수술하더라도 더 좋아진다는 경우가 없기 때문이다. 사람들은 되도록 수술을 하지 않으려고 한다.

우리가 하는 걱정거리의 40%는 절대 일어나지 않을 사건들에 대한 것이고, 30%는 이미 일어난 사건들, 22%는 사소한 사건들, 4%는 우리가 바꿀 수 없는 사건들에 대한 것들이다. 나머지 4%만이 우리가 대처할 수 있는 진짜 사건이다. 즉 96%의 걱정거리가 쓸데없는 것이다. 우리가 고민하는 것을 두 가지로 나누어 생각해보자. 걱정해 해결할 수 있는 고민과 해결할 수 없는 고민이다. 내일 비가 오면 어떻게 하나? 우산을 준비하면 된다. 비를 멈추게 하는 것은 당신 능력의 한계를 벗어난다. 그것은 신의 영역이다. 신의 영역에 속하는 문제는 신에게 맡겨라. 그리고 오직 당신이 걱정해 풀 수 있는 문제들만 고민하고 해결책을 찾아라.

그저 고민의 핵심을 정확히 스스로 파악해 문제를 해결하는 데만 노력하는 쪽이다. 당신에게 어떤 고민이 있다고 치자. 머리를 싸매고 며칠 누워 있으면서 걱정을 하면 문제가 해결되는가? 조용한 바닷가로 가서 며칠을 쉬면 방법이 생각나는가? 전혀 그렇지 않다.

어떤 문제에 대해 우리가 생각할 수 있는 시간은 10분도 안 된다. 무슨 걱정거리가 있건 그것을 종이에 적어보라. 틀림없이 서너 줄에 지나지 않는다. 그 몇 줄 안 되는 문제에 대해 10분 안에 해답이 나오지 않으면 그것은 당신으로서는 해결할 수 있는 고민이 아니다. 그런데도 그 10분을 당신은 질질 고무줄처럼 늘려가면서 하루를 허비하고 한 달을 죽이며 1년을 망쳐버린다. 머리가 복잡하다고 하면서 말이다. 하지만 사실은 해결 방안도 알고 있으면서 행동에 옮기는 것을 두려워하는 경우가 대부분이다.

실직을 당한 친구가 있었다. 살아갈 길이 막막하다고 몇 개월을 고민하고 술에 취해 있는 모습을 보았다. 고민의 핵심은 간단하다. 취직이 안 된다는 것이다. 왜 안 될까? 경제가 어려워서? 천만의 말씀이다. 핑계를 외부에서 찾지 말라. 채용할 만한 사람이 아니기 때문이다. 그렇다면 해결책이 나온다. 채용할 만한 사람으로 탈바꿈해야 한다. 고민이 많다고 해서 한숨 쉬지 마라. 고민은 당신의 영혼을 갉아먹는다. 문제의 핵심을 정확히 파악하고 해결책을 찾아 그대로 실행하라. 해결책이 보이지 않으면 무시하라. 고민 하나 안 하나 결과는 똑같지 않은가. 그러므로 고민은 하루에 딱 10분만 하라.

작년 엄마가 요로결석으로 입원했었다. 엄마는 배가 아플 때 빨리 병원에 가서 약물 치료를 했으면 괜찮아졌을 수도 있다. 엄마는 미련하게 참고 참고 있다가 병을 키운 것이다. 소변에서 피가 나올 정도로 참으셨다. 말을 하지 않으니 알 수가 없었다. 결국은 결석이 악화하여 먹지도 못하는 상황까지 간 것이다. 오빠들과 나는 결석을 어떻게 치료해야 할지 고민이었다.

수술하자니 연세가 너무 많으셨다. 다행히 병원에서 맞은 수액으로 결석이 많이 치료되셨다. 우리 식구들은 엄마 성격을 닮아 내성적이고 어떤 고민을 사람들에게 털어놓지를 못한다. 혼자 끙끙 앓고 있는 경우가 많다. 그래서 문제가 더 커지기도 하였다.

내가 여태까지 살아오면서 과감하게 행동을 잘한 것이 간호조무사 자격증 공부였다. 자격증 공부도 시작하려니 이것저것 걸림돌이 많았다. 하지만 내 마음이 시키는 대로 행동하였다. 낮에 직장 일하고 저녁에 학원 공부한다는 것이 쉬운 일은 아니었다. 나는 1년만 고생하면 된다고 생각하고 도전하였다. 1년은 앞으로 남은 생에 비하면 작은 그것으로 생각했다. 시작이 반이라고 그 1년은 금방 지나갔다. 그때 나는 행동을 하였기에 간호조무사 자격증을 취득할 수 있었다.

그리고 지금 나는 책 쓰기에 도전하였다. 책 쓰기는 보통 평범한 사람들이 하는 것이 아니라 성공한 사람들이나 위대한 업적을 이룬 사람들이 책을 쓴다고 생각했다. 〈한책협〉의 대표 김도사님이 '성공해서 책을 쓰는 것이 아니라 책을 써야 성공한다'라고 하셨다. 우연히 〈김도사TV〉를 보게 되었고 김도사님의 알 수 없는 매력에 빠져들었다. 〈김도사TV〉는 4차원 세계였다. 나는 어떤 이끌림에 〈한책협〉으로 찾아갔다. 나같이 평범한 사람이 책을 쓸 수 있을까 고민이었다. 1일 특강을 들으면서 실제로 나같이 평범했던 분들이 책을 써서 작가가 되는 것을 보고 결심을 하게 되었다. 그리고 내가 책을 썼다고 하면 주변 분들이 어떻게 반응할까도 생각해보았다.

나는 성공하고 싶었다. 지금의 가난에서 벗어나고 싶었다. 부자가 되고 싶었다. 가난한 사람도 얼마든지 자기 마음먹기에 따라 부자가 될 수가 있다. 자신의 생각과 의식을 바꾸면 가난에서 부자가 될 수 있고 아픈 사람이 건강한 사람으로 될 수 있다.

"다이빙대 끝에 서서 고민만 하는 아이가 되지 말라. 아래로 뛰어내려야 한다."

─ 티나페이

꿈에 대해 생각에 생각을 거듭하는 중인가?
시작하기 전에 더 알아봐야 한다고 생각하는가?
잘못될 것이 두려운가?
이제 그만 과감하게 행동하면 어떨까?

어떤 일이 일어나든 해결할 수 있다고 자신을 믿으면서 다이빙대에서 뛰어내려라. 키에르케고르가 말했듯 불안은 자신의 발전 잠재력과 대면했다는 신호이다. 좌절하게 하는 일이 아닌, 불안하게 만드는 일을 하라.

# 지금 당장 나는 행복하다고 말하라

추석 연휴라 통영에 내려와 있다. 이번에는 코로나로 사람들 이동이 없어서 내려오는 길이 막히지 않고 쉽게 내려왔다. 딸하고 둘이 내려왔다. 엄마 보러 내려가는데 아무것도 사가지 않으면 서운해하실까 봐 며칠 전 엄마 위아래 옷을 사두었었다. 다른 분들은 코로나라고 오지 말라고 한다는데 엄마는 우리가 보고 싶다고 하신다. 엄마가 알츠하이머 치매도 오시고 시골에 혼자 계시니 많이 외로우시다. 옛날 일은 기억을 잘 하시는데 최근 일을 기억을 못 하시니 혹시 가스 쓰시다가 사고 날까 봐 가스를 못 쓰시게 한다. 물건을 놔두고는 어디 놔두었는지 기억을 못 하신다. 데이케어센터에 다니시는데 내가 있는 동안 집에서 쉬게 하였다.

엄마가 갈치를 좋아하시길래 서울에서 갈치를 사다가 얼려서 갖고 내려왔다. 돼지갈비와 반찬을 몇 가지 해서 왔다.

형제들이라도 명절에야 얼굴을 볼 수 있다. 조카들은 군대 가 있는 조카가 있고 학교 다닐 때는 오더니 성인이 되었다고 잘 오지도 않는다. 엄마가 스스로 밥을 해 먹을 수 없어 하루 세끼 밥상을 차려 드렸다. 갈치를 구워드리니 잘 드신다. 엄마는 까다롭지 않고 아무거나 잘 드신다. 감사하다. 엄마가 돌아가시면 이런 시간도 없을 텐데 엄마와 같이 밥상을 같이 할 수 있는 시간이 감사하고 행복하다. 예전엔 통영 왔다가 서울 올라 갈 시간이면 엄마가 밥상을 차려 주시기도 하셨다. 연휴가 끝나고 다시 서울 올라갈 준비를 하는데 엄마 눈빛이 불쌍해 보인다. 아버지 살아 계실 때는 별로 신경쓰이는 게 없었는데 혼자 놔두고 가려니 가엾어 보이신다.

서울 도착하니 11시가 되었다. 지하철을 빨리 타야 한다. 집으로 가는 마을버스가 12시 마지막이다. 가방을 메고 캐리어를 끌고 캐리어를 계단으로 옮기려니 무거워서 힘들다. 책 쓰기를 하려고 책이랑 노트북을 넣었더니 무겁다. 육체는 힘들다. 하지만 마음은 가볍고 뿌듯하다. 엄마를 보고 오니 효도한 느낌이다. 올여름은 코로나와 함께 비가 무던히도 많이 내렸다. 밤에 글을 적고 있는 내내 빗소리는 계속 들렸다. 비가 멈췄으면 좋겠다고 생각했다. '하나님 비 좀 그쳐주세요' 뉴스에는 비 피해 소식이 계속 들린다. 여름비가 많이 내리는 날은 집이 습하다. 보일러를 한 번씩 켜야 한다. 글쓰기를 하고 있는 내내 바닥은 따끈하게 더워진다. 하지만 어쩔 수 없다. 더워도 참아야 한다. 그래도 책 쓰기 하는 마음은 기쁘다.

물건을 잘 버리지 못하는 나는 작은 박스 하나를 꺼냈다. 아들이 군대에서 보내온 편지와 딸이 학교 다닐 때 어버이날이라고 집으로 보내온 편지가 있다. 남편과 연애할 때 나에게 보내온 편지도 있다. 아들은 편지를 생각나는 대로 적었다. 글씨도 이쁘지 않다. 그러나 엄마에 대한 마음을 편지에 잘 적었다. 딸은 글씨가 이쁘고 편지를 조목조목 잘 썼다. 엄마를 생각하는 마음이 가득하다. 아들은 철이 없다고 생각했는데 편지를 읽으니 생각하는 것이 많다. 그러고 보니 아들 군대 있을 때 면회 갔던 기억이 난다. 서울에서 강원도 철원까지 2시간 30분을 가야 한다. 아들은 외박을 나오고 싶어 나에게 자꾸 면회를 오라고 하였다.

직장 다니면서 힘들었지만, 주말은 아들을 위해 면회하였다. 여자친구 사귀고 있을 때는 여자친구와 같이 가기도 했다. 면회를 가는 날은 돈을 쓰고 오는 날이다. 강원도는 군부대가 많아서인지 어디를 가나 군인들이 많았다. 나는 군인들을 보면 남편과 연애할 때 생각이 난다.

남편이 군인이었을 때 첫 만남이 있었으니까 추억이 되살아나기도 한다. 아직도 소녀 같은 감성이 있는 것 같다.

새벽에 잘 일어나지 못하던 내가 요즘은 잠을 줄였다. 책 쓰기를 해야 한다는 생각에 벌떡 일어나진다. 책 쓰기를 하기 전 먼저 상상을 한다. 내가 되고 싶은 것, 갖고 싶은 것, 하고 싶은 것을 상상하면서 하나님께 기도한다. 그리고 책을 읽는 시간을 가지려고 노력한다. 그동안 직장 생활과 기도하고 하나님 말씀 읽는 거 외는 자기 계발을 너무 하지 않은 게 후회된다.

김도사님과 권마담님을 만난 것이 내 인생에 한 획을 그은 것 같다. 꿈도 꾸지 못했고 현실만 보이던 내게 꿈을 꾸게 해주셨고 희망을 갖게 하셨다. 매사에 감사가 넘치고 희망으로 가득 차 있다. 김도사님을 만나기 전에는 힘들어서 매일 퇴근하는 하늘을 바라보며 '아 하나님 저 힘들어요' '제가 늙어서까지 이렇게 힘들게 살아야 하나요?' 혼자 속으로 외쳐보기도 했다.

일찍 일어나 출근 전 아들, 딸 먹을 것을 챙겨주고 나도 얼른 준비한다. 아들 딸이 놀지 않고 직장을 다니니 너무 감사하다. 몇 달 전에는 놀고 있었다. 되도록 잔소리하지 않으려고 했다. 시간이 지나니 스스로 직장을 찾아 나섰다. 나도 잘 참은 것 같다. 하나님 은혜 감사합니다.

출근길 마을버스에서 "하나님 감사합니다, 사랑합니다"를 속으로 손가락을 접어가면서 말한다. 100번 말하는 데 5분도 안 걸리는 것 같다.

8시 반까지 출근하고 항상 샘들하고 아침 인사를 한다. 한의원은 노인분들이 많이 오시니 일찍 오시는 분도 계시다. 청소를 간단하게 하고 샘들과 아침 모닝 커피를 한잔씩 한다. 있었던 얘기들을 나누고 자녀 얘기, 부모님 얘기 등을 한다. 스테이션 샘은 얼마 전 딸이 결혼하여 임신하였다. 곧 손녀 볼 생각에 마음이 들떠 있다. 사위는 성품이 착하고 삼성에 근무하고 있어 사위도 잘 보았다. 나랑 같이 치료실 근무하는 샘은 아들이 11월에 군대에 간다고 마음이 서운한가 보다. 평소에는 싸우기도 했지만, 군대를 간다고 하니 마음이 허전할 것 같기도 하다. 울 아들 군대 갔을 때 생각이 난다. 한의원만 10년 이상 근무하다 보니 환자들이 많이 올 때도 있고 적게 올 때도 있다. 우리 한의원은 소개로도 많이 오신다. 어머님들보다 아버님들이 우리 한의원을 좋아하신다. 원장님과 간호사들이 모두 친절하고 침을 잘 놓고 물리치료 잘해준다고 좋아하신다. 그럴 때는 일하는 보람도 크다.

계속 침 맞다가 보약을 드시기도 한다. 환자분들이 떡을 사오실 때도 있고 빵을 사 오기도 하시고 음료수를 사 오시기도 하신다. 맛있는 것 사 먹으라고 돈을 주시기도 하신다. 돈을 주실때는 우리는 받기가 부담스러워 안 받는다고 한다. 얼마 전에는 물리치료가 끝나고 정리를 하는데 베게 밑에 2만 원이 있었다. 나는 얼른 2만 원을 그 어머님에게 갖다 드렸더니 어머님은 안 받는다고 하신다. 우리가 너무 잘해줘서 맛있는 것 사먹으라고 주시는 거라고 하신다. 좋으신 분들이 참 많으시다. 하루종일 형광등 밑에서 환자들 보고 퇴근하는 시간이 행복할 수가 없다. 일이 끝나고 옷을 갈아입고 바깥 공기와 바람이 기분을 상쾌하게 한다. 집으로 가는 시간은 즐겁다. 그리고 요즘은 집에서 책 쓰기 할 생각에 기분이 더 좋다. 행복하다.

퇴근하는 마을버스에서 나는 또 주문을 외운다. '나는 하나님 나는 신이다.' '나는 매일 모든 면에서 경제적 자유를 누리고 있다.' '나는 매일 모든 면에서 성장하고 있다.' '나는 매일 모든 면에서 나아지고 있다.' 그리고 내가 원하는 것을 상상한다. 집에 도착하니 아들 딸은 벌써 퇴근하고 집에 있다. 아들은 술을 좋아하지 않으니 약속하는 날이 없다. 나를 닮아 위가 약해서인지 술을 마시면 토하고 위가 아프다고 한다. 칼퇴근이다. 딸이 한번은 말한다.

"오빠도 한 번씩 늦게 왔으면 좋겠다"

사실 아들은 쉬는 날도 어디를 잘 나가지 않는다. 집에서 핸드폰 보며 잠자는 일이 일상이다. 그런 아들이 나는 답답할 때가 있다. 내가 살아보니 시간될 때 가까운 곳이라도 여행을 다니는 게 낫다고 생각한다. 내가 늦게 집에 도착하니 저녁밥이 늦어질 때가 있다. 그럴 때는 아들딸에게 미안하다. 오늘은 딸이 월급 받았다고 맛있는 것을 쏜다고 한다. 불낙새 곱창이라고 한다. 이렇게 한 번씩 배달시켜 먹는 것도 행복하다. 특히 나는 요리를 잘하는 편이 아니라 한 번씩 배달해서 먹는 것이 좋다. 저녁 먹는 동안 딸 아들과 그날 있었던 얘기들을 한다든지, 어떤 주제를 놓고 대화를 한다. 그러면 아들과 또 의견 충돌이 일어날 때도 있다. 그럴 때는 딸이 옆에서 중재한다.

이 모든 일상이 나에게는 행복이다. 살아 있음에 감사하며 내가 누릴 수 있는 것에 감사하다. 하루하루 살다 보면 내가 꿈꾸고 목표했던 것이 현실로 다가올 것이니 감사하다. 내 상황이 힘들어도 상대를 원망 불평하지 않으며 두 자녀와 살아갈 수 있으니 감사하고 행복하다. 항상 나를 돌봐주시는 하나님이 계시니 너무 감사하고 행복하다.

# 행복과 불행은 모두 마음에 달려 있다

'감사로 제사를 드리는 자가 나를 영화롭게 하나니'라는 하나님 말씀이 있다.

나는 지금은 환경이나 물질면에서 부족하고 힘들지만, 오히려 범사에 감사하게 생각하고 행복하다. 하나님을 알게 되었고 하나님 말씀에 '항상 기뻐하라' '쉬지 말고 기도하라' '범사에 감사하라'라는 하나님 말씀이 있다. 하나님을 알기 전 나는 결혼하기까지 행복이 있었지만 사소한 것에 감사하게 생각하고 행복이라는 감정을 몰랐다. 내 주변 사람들 보면 작은 깃에 감사하게 생각하는 마음이 부족하다. 형제들도 그렇고 친구들 직장 동료들도 감사하는 마음을 잘 이해하지 못한다. 내가 태어난 곳은 시골이라 불교와 유교 사상이 강하다. 우리 엄마와 주위 노인분들은 전부 걱정거리로 가득하다. 이제 늙으니 자식들만 보이는 시골 노인분들은 누구네 자식은 이렇게 살고 누구네 자식은 저렇게 산다고 비교를 많이 하신다.

우리 엄마 또한 내 걱정으로 가득하시다. 남편 없이 자식들과 혼자 살고 있어서 전화만 하시면 우신다. 그리고 엄마는 친정 큰집과 비교를 많이 하신다. 큰엄마는 아들 하나에 딸이 여섯이다. 예전에는 아들을 못 낳는다고 구박을 받으셨겠지만 지금은 딸이 많아서 호강하고 사신다. 딸들이 큰엄마에게 다들 잘하신다. 주위 분들이 부러워한다. 엄마 마음을 이해하기는 한다. 부모님 세대는 그렇게 살아오셔서 생각을 바꾸기는 힘들다. 하지만 요즘은 엄마와 통화할 때 엄마에게 시킨다.

"하나님, 감사합니다. 사랑합니다."

그러면 엄마는 따라서 말씀하신다. 사람들은 무슨 일이 생기면 남 탓으로 많이 돌린다. 당신 때문에 내가 이렇게 되었다. 너 때문에 내가 이렇게 되었다고 한다. 자신을 돌아볼 시간은 없고 남을 먼저 원망 불평한다.

나는 식사를 하기 전 항상 감사기도를 하고 먹는다. 그런데 믿지 않는 분들은 그런 나를 의아한 눈으로 본다. 어떤 친구는 같이 식사하고 내가 감사기도를 하지 않았다고 놀리기도 했다. 나는 남편과 관계가 나빠지면서 마음적으로 힘들 때 친구의 권유로 교회를 다니게 되었다. 그전 나도 하나님을 믿기 전에는 교회를 싫어했다. 아무리 힘들어도 교회는 가지 않을 거라고 생각했다. 어려서부터 자라온 통영 동네 맞은편에는 학림도라는 섬 동네가 있었다. 일요일만 되면 그 섬에서 들리는 교회 종소리가 좋았다. 은은하게 울리는 종소리는 왠지 마음을 설레게 했다. 그러다 고등학교 가서 친구의 권유로 교회를 가봤다. 몇 번 가보고는 안 갔다. 살아오면서 12월25일 크리스마스가 다가오면 '아 하나님은 하늘에 계신가?' 정도로 생각하고 살았다.

하지만 나를 교회로 인도해준 친구가 고맙다. 마음이 힘들 때 하나님을 믿게 된 것이 다행이라고 생각한다. 예배를 드리는데 나도 모르게 눈물이 나왔다. 슬프거나 아파서 흐르는 눈물이 아니었다. 기쁨의 눈물도 아니었다. 성령 체험을 하게 되면 알 수 없는 마음의 기쁨을 알게 된다. 그렇게 울고 나면 마음이 후련하고 시원했다. 권사님과 집사님들이 믿음이 단단해지도록 잘 이끌어주시고 잘 챙겨주셨다. 교회는 믿음이 생기기 전에는 사람을 먼저 보기 때문에 사람들이 잘 인도하는 것도 중요하다고 생각한다. 그렇게 믿음이 자라나면서 주일예배를 열심히 드리고 구역예

배도 꼬박꼬박 참석하였다. 구역예배를 통해서 하나님 말씀을 공부하고 믿음이 더 자라났다. 구역 식구들과 차를 마시면서 교제를 나누고 하나님 은혜를 더 체험하는 시간이었다. 그러나 믿지 않는 분들은 우리의 그런 마음을 이해하지 못한다.

우리 한의원에는 교통사고로 침 맞으려고 오시는 분들이 많으시다. 어떤 분은 재수가 없게 사고가 났다고 불평불만이 가득하신 분이 있다. 아파서 오시는 분들은 인상을 찌푸리고 아프다고 하신다. 물론 그 아픈 마음을 모르는 것은 아니다. 좀 더 마음에 여유를 두고 치료한다고 생각하면 건강해질 수 있다. 그런데 미리부터 아픈 거에 집중해서 부정적인 생각을 할 필요는 없다고 생각한다. 또 교통사고 나신 분들은 큰 사고가 아닌 것에 감사하는 마음을 갖는다면 마음이 얼마나 행복할까 하는 생각을 해본다.

유튜버 박위라는 사람이 있다. 〈위라클TV〉를 운영하고 있다. 20대 젊은 나이에 사고로 전신마비가 되었다. 누구보다 건강하고 밝은 미래를 꿈꾸어왔던 젊은 청년이었다. 평범했던 삶은 한순간에 낙상사고로 척추 신경 마비로 전신마비가 되었다. 현대의학으로는 치료할 수 없다고 하였다. 가족들의 정성으로 조금씩 호전되면서 다시 일어설 수 있을 거라는 믿음을 잃지 않았다. 어느 날 기적적으로 손가락 신경이 살아남으로써 마비 증상이 호전되어갔다. 하지만 아무리 재활치료 해도 마비된 다리는 움직이지 않았다. 믿음이 흔들릴 때도 있었다.

자신에게만 집중되어 있던 마음을 하나님은 교회 공동체 식구들을 통해 치유해주셨다. 이후 자신에게만 고정되어 있던 시선이 주변 사람들을 향하게 되었다. 몸과 마음이 아픈 이들을 위해 헌신하고 싶은 비전이 생겨, 사람들과 소통하고 싶은 개인 방송을 하게 되었다. 지금은 구독자 14만 명 인기 유튜브가 되었다. 처음 사고가 났을 때는 얼마나 낙심되고 좌절되었을까? 보통 사람들은 다들 그런 마음이 들었을 것이다. 하지만 자신과 같은 처지에 있는 사람들에게 희망을 전하고 싶어 유튜브를 하게 되었고 돈도 벌면서 많은 사람에게 동기를 유발하고 있다.

내가 개인적으로 좋아하고 존경하는 호주 사람 닉 부이치치가 있다. 태어나면서부터 팔다리가 없는 지체장애인이었다. 하지만 닉은 좋은 부모님을 만났다. 부모님은 닉을 보통의 아이처럼 키우자고 하여 수영도 하고 축구도 하며 여느 아이들처럼 키우셨다. 닉은 스스로를 원망하며 거울에 비친 자신을 보며 나 자신을 미워했고 좌절했을 것이다. 학교는 지옥과 같았다고 한다. 외계인 같다, 밥도 발로 먹어서 발 냄새가 날 것 같다, 넌 우리랑 친구가 될 수 없다 등 어린 시절 닉은 눈물을 많이 흘렸다고 한다. 어머니는 마음이 아팠지만 닉을 더욱 단단하게 만들려 냉정하지만 용기있는 말을 해주셨다. 이런 일조차 이겨내지 못하면 넌 집에만 있어야 해 꼭 이겨내렴 넌 할 수 있어!! 어머니는 닉처럼 비슷한 장애를 가진 사람이 극복해나가는 감동적인 이야기를 알려주었고 닉은 자신과 비슷한 처지에 있는 사람이 나 혼자가 아니란 걸 알고 마음을 바꿨다고 한다. 주변 사람들이 모두 닉은 결혼을 못 할 것이라고 말했다고 한다. 하지만 지금은 이쁘고 지혜로운 아내와 결혼하여 이쁜 아들 딸을 낳고 잘살고 있다. 전 세계를 다니며 강연하면서 동기부여가 활동하고 있고 '사지 없는 인생' 대표이기도 하다.

이처럼 행복과 불행은 스스로가 어떻게 마음을 먹고 어떤 쪽을 선택하느냐에 따라 다르게 다가오는 것이다. 결심하는 만큼 행복해질 수 있다. 늘 자신에게 행복보다 불행만 찾아온다고 생각하면서 매사에 자신 없어하는 사람들이 있다. 이런 사람들은 아무리 좋은 일이 생겨도 기쁘게 받아들일 줄 모르므로 불행할 수밖에 없다. 스스로 행복하겠다고 결심을 해야 행복해진다. 좋은 일이 일어나면 그 일을 있는 그대로 인정하고 받아들여라. 그리고 마음껏 기뻐하라. 주변 사람들이 불행해할 때도 마찬가지다.

"모든 사람은 마음먹는 만큼 행복해진다."라는 말이 있다. 아브라함 링컨의 말이다. 누구에게나 시련은 있게 마련이다. 시련과 고난에 대처하는 방법에 따라 행복의 수준이 결정된다. 인생은 자신이 원하는 만큼 좋아질 수도 있고 나빠질 수도 있다. 나는 '감사합니다 사랑합니다'를 하루에 300번 이상 말한다. 아침에 일어나자마자 말하고 직장에서 일하면서도 수시로 '감사합니다 사랑합니다'를 혼자서 말한다. 그렇게 하고 나면 부정적인 생각이 들다가도 긍정적인 생각으로 바뀐다. 작고 사소한 것에 감사한 마음이 쌓이면 큰 감사할 일이 온다고 한다.

　행복은 내가 큰 것을 이루어서 행복이 오는 것이 아니라, 지금 내가 감사하고 행복해야지 행복한 일이 온다고 한다. 나는 과거 살아오면서 행복을 행복이라고 느끼지도 못하고 살아왔다. 지금은 과거보다 환경이나 물질 면에서 힘들지만 오히려 작은 것에 감사하게 생각하고 다른 사람과 비교하지 않고 행복을 느끼며 살고 있다.

# 당신은 최고의 행복을
# 누릴 자격이 있다

지금 생각하면 내가 반백 년 살아오면서 제일 추억이 되고 행복했던 시절은 초등학교 시절이다. 그 시절로 돌아가고 싶냐고 하면 그 시절로 다시 돌아가고 싶다. 시골에서 농사짓고 힘든 육체노동을 많이 했지만, 그때는 으레 그렇게 살아야 하는 줄 알았고 힘들다는 생각은 하지 않았다. 학교 가기 전 아침에 일어나면 염소와 소를 몰고 동네 뒷산으로 갔다. 우리는 논 농사가 없어 소는 없고 염소를 키웠다. 산에서 마음껏 풀을 뜯어 먹게끔 염소와 소들을 방출해놓는다. 그리고 친구들과 언덕배기 널따란 공간에서 공기놀이를 하다가 집으로 왔다. 아침밥을 먹고 학교로 갔다. 수업 시간 학생 수가 없기 때문에 1, 2학년이 한 반, 3,4학년이 한

반, 5, 6학년이 한 반이었다. 3학년 때는 수업이 끝나고 학교 옆에서 구구단 연습을 하였다. 오전 수업이 끝나면 오후에는 운동장 풀을 뽑는 일이 많았다. 시골 학교라 운동장에 풀이 좀 났다. 그때는 운동장 풀 뽑는 일이 하기 싫었다. 농사일도 어떨 때는 하기 싫은 날이 많았다.

　학교 수업이 끝나면 산에 풀어놓았던 소와 염소를 몰러 갔다. 소와 염소들이 멀리 가지는 않았나 확인하고 우리들은 언덕배기 공간에서 또 놀다가 소와 염소들을 몰고 집으로 왔다. 그리고 시골이지만 초등학교 운동회는 즐겁고 큰 행사 중에 하나였다. 운동회는 온마을 전체 잔치였다. 달리기, 청군 백군 릴레이 달리기, 부모님과 달리기, 기마전 등 나는 달리기하면 여자친구들 네 명 중에 항상 1등을 하였다. 봄과 가을에는 농사일 돕느라 더 바빠진다. 밤에는 친구들과 어울려 군밥을 해 먹었다. 어느 한 집을 정해 밥을 하고 남의 집 밭에 가서 농사지은 채소를 따다가 반찬을 해서 친구들과 밥을 해 먹었다. 그때의 밥은 어떤 맛과도 비교할 수 없는 꿀맛이었다. 또 겨울 다른 날은 호떡을 해먹을 때도 있다. 그때의 호떡 기술은 없어서 좀 딱딱하였지만 그래도 맛있었다.

　여름에는 동네 앞 바닷가에서 수영을 하였다. 그 시절에는 튜브도 제대로 없어 플라스틱으로 된 동그란 것 2개를 줄로 연결하여 수영을 배우기도 했다. 수영은 주로 개구리 헤엄치는 게 전부였다. 시간 가는 줄 모르고 수영을 하다 집으로 오면 엄마가 옥수수를 삶아 놓으셨다. 불을 때서 삶아 놓은 옥수수는 달콤하고 맛있었다. 겨울에는 땔감을 하러 친구들과 산으로 갔다. 땔감이 없으면 먹을 것을 못 해 먹거니와 겨울에는 군불도 못 땐다. 겨울에는 소나무에서 솔잎이 많이 떨어져 있어서 소나무 솔잎을 주로 긁어 모았다. 남자들은 소나무를 잘라 장작을 해다 날랐다. 우리집은 아버지가 셋째 아들이라 제사는 없었지만, 큰집에서 큰아버지 제사를 지내고 밤에 제사 음식을 먹을 때도 있었다. 나물이랑 비벼서 먹으면 꿀맛이었다. 산에서 따다 온 진달래로 전을 부치기도 했다. 그때 부치던 전은 솥뚜껑 위에다 부쳐서 더 고소하고 맛있었다.

사람들마다 자기의 고향이 있다. 나 또한 내가 태어나고 자란 고향 통영이 좋다. 통영은 내가 서울 오고 나서부터 발전을 많이 하였다. 나는 통영 가면 부모님 보고 올라오기 바쁘기 때문에 구경 다닐 시간이 없었다. 그런데 서울에서 주변 분들이 통영이 좋다고 다들 한마디씩 하신다. 내가 가보지도 못한 곳을 구경하고는 그 좋은 곳에서 살았냐고 하신다. 통영은 주변에 섬이 많아 배를 타고 나가야지 구경할 만한 곳이 많다. 대표적인 곳이 이순신 장군 기념비가 있는 한산도가 있다. 비진도라는 해수욕장이 있다. 매물도라는 섬이 있다. 그리고 우리 동네 주변으로도 섬이 많이 개발되어 관광지가 많다. 연대도 출렁다리, 욕지도, 사랑도가 있고 달아공원에서 바라보면 많은 섬이 보여 경치가 좋다. 통영 시내에서 우리 동네까지 해변도로는 바다를 보면서 데이트하기에 좋은 코스이다. 우리 동네는 주말이면 낚시하는 분들이 전국에서 오신다. 배를 타고 섬으로 낚시하러 가신다. 낚시 관광지로도 유명하다.

아침 출근길 지하철은 콩나물 시루같이 사람들로 가득하다. 다들 핸드폰 보면서 게임을 하거나 드라마를 보기도 한다. 카톡을 열심히 하는 사람, 이어폰을 끼고 있는 분도 있다. 이어폰 끼고 있는 분은 영어 공부를 한다든지 나름 자기 계발을 할 수 있을 수도 있다. 다들 직장 출근하느라 바쁘다. 그날그날 출근해서 한 달 월급을 받고 열심히 직장을 향해 달려간다. 저 많은 사람들은 무슨 생각을 하고 살아갈까? 혼자 생각해본다. 저마다 살아가면서 행복을 느끼는 마음이 다를 것이다. 학생들은 열심히 공부해서 좋은 대학교에 가려고 한다. 대학교에서도 좋은 곳에 취업하기 위해 열심히 공부한다. 대학교를 졸업하면 취업 문제가 다가온다. 취업을 위해 스펙 쌓기를 열심히 한다. 취업을 하면 직장을 위해 충성을 다해 일한다. 직장에서는 승진을 바라보며 열심히 일한다. 이 모두는 자신들의 좀 더 나은 삶을 위해 행복을 위해서 노력하고 있는 것일 것이다.

직장에서 받는 월급은 대학 학자금 대출금, 아파트 대출금, 카드 대금, 자녀 교육비, 공과금 등으로 지출된다. 매달 반복되는 일상이다. 삶이 더 나아지거나 개신되지 않는다. 오히려 빚을 안고 살아가는 사람들도 많다. 주식이나 부동산으로 재테크에 성공해서 그나마 부를 이루는 사람들도 있다. 부모가 재벌이거나 돈이 많아 금수저로 태어나면 하고 싶은 것 하며 좋은 차를 타고 해외여행을 다니며 풍족하게 살 것이다. 하지만 요즘은 웬만하게 살아도 해외여행 다니고 누리며 사는 것 같다. 특히 요즘 젊은이들은 부모님의 사는 것을 보고 결혼을 하지 않으려고 한다. 결혼 생활이 행복하다고 생각하지 않기 때문이다. 자녀 양육비와 주택자금 등 돈이 많이 드는 것도 이유이다. 혼자 사는 것이 행복이라고 생각할 것이다. 행복도 자신의 선택사항이다.

요즘은 대세가 소확행이다. '작지만 확실한 행복'이라는 뜻이다. 바쁜 일상이지만 순간순간 느끼는 작은 즐거움도 된다. 소확행을 추구하는 사람들은 좌절에 빠지기보다 실리를 추구한다. 값비싼 레스토랑에 가기보다 제일 비싼 편의점 도시락을 사서 수입 캔맥주와 함께 마시는 걸로 만족하는 지극히 현실적인 행복이다. 그렇다고 소확행이 모든 일을 너무 낙천적이고 긍정적으로 바라봐야 한다는 의미도, 큰 행복을 바라지 말라는 패배주의 또한 아니다. 소확행은 미래를 위해 계속 꿈을 꾸되 지금 이 순간의 행복 또한 놓치지 말자는 의미다. 미래와 현재의 균형을 잘 맞추며 현재를 즐기는 것이 현명하게 소확행을 누리는 방법이다.

나는 소확행을 누리면서 더 큰 꿈을 꾸고 싶다. 내가 원하고 바라는 것은 모두 이루고 싶다. 지금 나는 가난함이 싫어 부자가 되고 싶다. 나를 포함한 평범한 모든 사람은 자신이 원하는 것, 바라는 것, 갖고 싶은 것을 소유하면서 살 수 있다. 행복한 가정생활, 풍요로운 삶 등.

사람은 누구나 자신이 원하는 인생을 살고 싶어 한다. 하지만 극소수의 사람들만이 원하는 인생을 살 뿐이다. 대다수 사람들은 자신의 소망과 거리가 먼 인생을 살고 있다. 보통 사람들은 상상하는 것이 현실이 된다고 하면 믿지를 않는다. 하지만 네빌 고다드의 『상상의 힘』이라는 책에서는 우리가 상상하는 것은 현실에 나타난다고 하였다. 성공학의 거장 나폴레온 힐이 500명의 부자를 연구 조사한 결과가 있다. 그들의 공통점은 어떤 상황에 처해 있더라도 성공자의 모습을 머릿속에 그렸다는 것이다. 전구를 발명한 에디슨의 머릿속에는 전구가 이미 들어 있었다. 이렇듯이 현실이 어떻든 간에 성공한 사람들의 의식 속에 항상 원하는 것을 생각하고 있었다.

우리 몸은 머릿속에 어떤 모습을 상상하는 것만으로도 생각대로 반응한다고 한다. 예를 들어 새콤달콤한 빨간 석류를 입에 넣고 씹는 모습을 상상하면 새콤달콤한 석류즙이 입 안에 가득 퍼지는 것처럼 느끼게 된다. 우리 몸은 실제로 석류를 먹거나, 머릿속으로 석류를 먹었다고 생각하거나 똑같이 반응한다는 것이다. 따라서 원하는 것이 있다면 머릿속에

철저하게 원하는 모습을 그려 넣어야 한다. 그런 후에 그런 믿음을 굳게 붙들고 있어야 한다. 『성경』에도 "믿음은 바라는 것들의 실상이요, 보이지 않는 것들의 증거"라고 되어 있다.

내가 원하는 모습을 그리고 그 모습 위에 서 있어야 한다. 그리고 내 현실을 그 모습까지 끌어올려야 한다. 부자로 살고 싶다면 부에 대한 명확한 사고를 해야 한다. 자신만의 부자에 대한 기준을 정해야 한다. 돈은 얼마를 벌 것이지, 어떤 차를 탈 것인지, 어떤 집에서 살 건지, 누군가를 얼마만큼 도와줄 건지, 어떤 노력을 해야 하는지 등을 머릿속에 명확하게 그려 넣어야 한다는 말이다. 성공한 사람들은 어떤 사고를 가지고 노력했느냐에 따른 결과임을 알아야 한다. 그러므로 우리가 종이에 적는 버킷리스트는 모두 이루어진다. 특별한 사람만이 성공하는 것이 아니라 보통 평범한 우리는 모두 원하는 것을 얻어 최고의 행복을 누릴 자격이 있다.

# 07

# 행복이 내 인생에서 가장 중요하다

살아오면서 초등학교 시절이 참 행복했었는데 남편과의 연애 시절이 참 좋았다. 남편과의 연애는 보통 직장 다니면서 매일 만나는 보통 연애가 아니었다. 남편이 군인이라는 신분이라 자주 만나지도 못하고 전화 통화와 편지로 주로 소통했었다. 통화할 때 남편 목소리는 좋았다. 지금처럼 핸드폰이 없었던 시절이라 문자를 주고받지는 못했지만, 통화할 때만큼은 행복했다. 전화 통화도 거의 매일 은행으로 와서 통화하고 아니면 저녁에 집으로 오면 통화를 했다. 통화를 하면 아랫방 올케언니 방에서 눈치도 모르고 통화를 했다. 지금 생각하면 언니한테 미안하다. 그리고 거의 매일 은행으로 편지가 왔다. 우체부 아저씨가 항상 우편물을 가져다 주셨다. 인상이 좋은 우체부 아저씨는 들어오시면서 항상 웃는 얼굴로 우편물을 가져다 주셨다. 다행히 서무를 보던 때라 내가 우편물을 접수하였다. 발신인 '하얀등대부대' 수신인 정미연이라고 되어 있었다. 집에 와서 편지를 읽었다. 집으로 편지를 가져올 때면 어떤 내용일지 궁금함과 설렘으로 퇴근을 하였다. 편지에는 항상 자기 마음이 괴롭다든지, 사랑한다는 말을 꼭 빼먹지 않고 적었다.

사랑의 힘은 위대하다고 했던가. 나는 시골 통영에서 서울로 시집을 가게 되었다. 먼저 부모님과의 상견례는 부산에서 하게 되었다. 서울하고 통영의 중간 거리가 부산이라고 생각했다. 집은 미리 정해져 있어서 나는 서울에서 신혼 물품을 사러 다녔다. 보통 결혼하면 친정엄마와 같이 신혼 살림을 사러 다니는데 나는 남편과 다니든지, 시어머님과 같이 다녔다. 우리 결혼할 때 시어머니는 남편의 새엄마이셨다. 그래도 시어머님은 사소한 것까지 잘 챙겨주셨다. 나는 예물을 많이 받았다. 감사했다. 가구 보러 경기도까지 동행해주시기도 하셨다. 시할머니에게 이불을 해드렸는데 할머니는 이불을 별 좋아하지 않으셔서 덮지를 않고 계셨다. 침대는 남편 친구분이 해주었다. 나는 결혼 물품을 친정집에 손벌리지 않고 내가 모은 돈으로 다 했다. 그동안 평소에 적금을 부어둔 돈이었다.

결혼식 당일 화장을 하는데 나는 임신한 상태라 바로 누워 있기가 불편했다. 결혼식 전 우리는 웨딩 촬영을 하고 결혼식을 하였다. 서울에서 결혼식을 하게 되어 친정집에서는 아침 일찍 통영에서 출발하였다. 너무 먼 거리라 오시는 분들이 힘들었을 것이다. 아버지 손을 잡고 입장을 하는데 마음이 너무 떨렸다. 아버지는 한쪽 다리 의족을 하고 계셔서 걷는 게 불편하셨다. 어떤 분이 아버지 다리가 불편하니 같이 입장하지 말라고 했지만 나는 아버지와 같이 입장하는 것이 떳떳하였다. 아버지도 막내딸 하나 아버지 손잡고 입장하고 싶었을 것이다. 주례는 시아버님 친구분이 해주셨다. 주례 선생님의 말씀이 마음에 많이 와 닿았었다. 주례 선생님 말씀이 끝나고 양가 부모님에게 인사를 하는데 엄마는 벌써 눈물을 흘리고 계셨다. 엄마의 우는 소리가 들리기도 했다. 소중히 키운 막내딸 시집보내기가 많이 서운했을 것이다. 남편은 결혼식 끝나고 폐백을 하는데 한복 입을 줄을 몰라 혼자서 쩔쩔 헤매다가 아는 사람 도움으로 한복을 입었다고 한다.

결혼식이 끝나고 제주도로 신혼여행을 출발하였다. 남편 친구분이 차를 가져와 김포공항까지 데려다 주었다. 김포공항에는 탤런트 이영애 씨 사진이 있었다. 이영애 씨는 대한항공 모델이었다. 제주도 도착하자 남편 친구분이 우리와 동행해주었다. 친구분은 애인과 같이 왔었다.

첫날은 남편 친구분과 같이 다니고 둘째 날은 우리가 택시타고 다녔다. 나는 배가 불러 오래 걷거나 산을 오를 때는 힘들었다. 남편이 그런 나를 배려해주기도 했다. 한라산 백록담을 오르는 동안 말을 타고 기념 촬영을 하였다. 말타기가 무서웠지만, 기념사진 남기려고 말을 탔다. 사진에는 무서워서 두려운 표정이다. 그 외에도 여러 군데 다녔지만 오래돼서 생각이 잘 나지 않는다.

신혼여행을 다녀오고 우리는 통영으로 먼저 출발하였다. 시댁의 배려로 통영을 먼저 다녀오라고 하셨다. 친정집으로 와서 인사를 하고 엄마와 함께 서울로 출발하였다. 시댁에 가기 전 우리는 한우 고기를 선물로 사서 갔다. 나중에 안 사실이지만 시어머님께서 고기를 이쁘게 포장을 하지 않고 봉지에 가져온 것을 말씀해주셨다. 엄마와 나는 미처 그런 것을 생각을 못했다. 시댁에서는 어머님이 음식을 많이 장만해놓으셨다. 음식 솜씨가 좋으셔서 맛있었다. 엄마는 하룻밤을 주무시고 담날 통영으로 내려가셨다. 내려가시면서 엄마는 혼자 우셨을 것이다. 막내딸을 먼 서울에 두고 온다는 것이 서운했을 것이다.

그리고 두 달 뒤에 나는 출산을 위해 통영으로 내려갔다. 고향 통영으로 내려가는 길은 즐거웠다. 한 가정을 이루고 아이가 태어나고 가족이 되었다. 아기를 낳는 출산의 고통은 아팠지만, 아이들을 키우는 재미도 있었다. 아침에 일어나 남편 간단하게 해서 먹이고 출근을 시키고 아이와 나만의 시간이 되었다. 매일 목욕을 시키고 분유를 먹이고, 나는 모유가 모자라 하루에 분유 반, 모유반 번갈아 먹였다. 그래야지 모유를 빨리 뗄 수가 있다고 하였다. 하루하루 아기는 무럭무럭 자랐다. 아이들 예방접종은 꼬박꼬박 접종했다. 첫째 아들이 보행기에서 놀다가 잠이 들었다. 너무 귀엽고 사랑스럽다. 나는 그 모습을 기록하고 싶어 사진을 찍어 두었다.

아들은 약간 고집이 있는 편이었다. 세 살 때쯤 씻기려고 욕실로 들어가다 미끄러져 머리를 욕실 문턱에 찍어 피가 났었다. 아이는 막 울고 나는 어찌할 바를 몰라 피 나는 머리를 천으로 막고 지혈만 하고 있었다. 다행히 피는 멈추고 병원을 가지 않아도 머리는 괜찮아졌다. 그리고 아들은 어릴 때 책 보는 것을 좋아했다. 내가 집안일 좀 하려고 하면 계속 뒤따라 다니면서 책을 읽어 달라 비디오 켜달라고 하였다. 비디오는 그때 한참 유행하던 〈토이 스토리〉를 좋아했다. 남편과 결혼식 비디오도 좋아했다. 아이들은 한 번 본 것을 반복해서 보는 경우가 많았다. 둘째 딸이 태어나고 아이가 한 명 더 늘어나니 내 할 일이 많아진 느낌이었다. 둘째는 첫째보다 더 이뻤다.

첫째는 모르고 키운다지만 둘째는 딸이라서 더 이쁘고 사랑스러웠다. 백일 때까지 밤낮이 바뀌어 좀 힘들었지만 첫째보다 둘째에게 사랑이 더 갔다. 그래도 아들은 샘을 내거나 동생을 질투하는 것은 없었다. 애들이 둘이 되니 자연히 남편한테는 신경이 덜 갔다.

애들은 건강하다가도 아플 때가 있다. 딸이 돌이 지나고 어느 날 포대기 업고 시장을 다녀오는데 토를 하였다. 나는 괜찮겠지 하고 예사로 생각하고 있었다. 그런데 설사를 며칠 계속하였다. 안 되겠다 싶어 병원을 다녀와서 약을 먹이고 하였다. 그런데도 아픈 게 낫지를 않았다. 아이는 먹지도 못하고 계속 토하고 설사를 계속하였다. 남편과 의논하여 대학병원으로 갔다. 대학병원 응급실로 가니 갖가지 검사를 많이 하였다. 어린 아기를 피검사부터 여러 가지 검사만 많이 하다 보니 우리도 지쳐갔다. 어떤 결과는 나오지를 않고 검사만 여러 가지 하니 남편과 나는 짜증이 나서 애기를 데리고 집으로 와버렸다. 그리고 며칠 뒤 설사가 감쪽같이 사라졌다. 너무 감사했다. 그때 하나님을 알았다면 기도를 했을 것이다. 그 딸은 건강하게 자라 지금은 성인이 되었다.

우리는 서울과 통영 거리가 멀어 명절에는 통영을 못 내려갔다. 그대신 남편과 아이들과 휴가 때는 통영을 다녀오곤 하였다. 남편은 처갓집 한 번 갔다 오려면 멀어서 운전하기도 힘들었을 것이다. 우리만 갔다 오면 심심했는지 남편은 휴가 때 친구 부부들과 동행하든지, 회사 동료들하고도 통영으로 같이 갔다. 딸이 두 살 아들이 다섯 살 때 남편 회사 동료들과 휴가 때 통영으로 내려가게 되었다. 총 4가족이 같이 내려가게 되었다. 그중에는 임신 중인 부부도 있었다.

거의 임신 8개월 정도 되었었나 보다. 그때는 한참 젊을 때라 뭐든지 할 수 있을 거라 생각되었다. 4가족이 전부 자가용으로 출발하였다. 한참 달리고 달려도 도착이 없고 또 가니 어떤 가족은 지쳐가는 기분이었다. 어떤 분은 나보고 서울까지 시집왔다고 출세하였다고 하였다.

남편 회사 동료들과 비진도 해수욕장을 갔다. 비진도 해수욕장은 통영에서 유명한 관광명소이다. 여객선으로 들어가려면 통영 시내로 들어가야 하고 우리 동네에서 출발하는 배가 있었다. 그 대신 한 사람당 뱃삯이 비쌌다. 서울 사람들이라 배 타고 바다를 달리니 다들 좋아하였다.

한 번씩 파도가 오면서 배가 출렁이는 재미도 있었다. 도착하여 동료들과 바다에서 열심히 수영하고 즐겼다. 나중에 안 사실이지만 임신 중이었던 분은 병원에 입원했다고 하였다. 임신 8개월에 너무 먼 여행을 한 것이다. 그 애기도 잘 자라 지금은 성인이 되었다.

어떤 여행이든 여행은 참 즐겁고 기억에 남는 것 중에 하나이다. 행복했다. 살아오면서 많은 행복이 있었다. 그런데 하나님을 믿기 전에는 그런 행복이 행복인지 모르고 살았다. 내가 왜 태어나서 어떻게 살고 어디로 가는 건지 모르니 삶이 재미가 없고 어둡기만 하였다. 하지만 지금은 환경이나 물질적으로 부족하고 힘들지만 모든 것에 감사하고 누구를 원망불평하지 않고 행복을 느끼며 살고 있다.